何を習慣にするかで自分は絶対、変わる

小さな一歩から始める一流の人生

石川裕也
Yuya Ishikawa

青春出版社

はじめに

自分を変えられない人すべてに贈る

なぜ、人は自分を変えられないのか？

今度こそ自分を変えよう――。

そう思って、本書を手に取っていただいたのかもしれません。

「やる気が出ない」

「口にしたことを行動に移せない」

「いつも締め切りギリギリにならないとやらない」

「仕事の結果が出ない」

多くの人が、自分を変えられずに悩まれているように感じます。

「やる気が出ない」と悩んでいる人は、モチベーションを上げる方法を探す。

「行動できない」と悩んでいる人は、とにかく行動してみようとする。

「いつも締め切りギリギリまでやらない」と悩んでいる人は、スケジュールを前倒しにしたり、TODOリストをつくったりする。

「仕事で結果が出ない」という人は、もっと努力をしようと考える。

あなたもそうではないでしょうか。

ダメなところばかり見る人、もっと自分を成長させたいと思う人も、何らかの対策を考えて、ダメなところを直そうとします。これまでも多くの人が、もっと自分に厳しく、どうにかして、変えたいと思ってきたはずです。

しかし、それで変われたでしょうか？

頑張っても結局、自分を変えられなかったのではないでしょうか。

それもそのはずです。

残念ながら、人はそう簡単には変われないのです。


なぜ、変われないのか？

何があなたを形づくっているのか？

どうすれば、あなたは変わることができるのか？


それは「習慣」です。

「何を習慣にするか」であなたの思考、能力、心、体はつくられています。

どうすればあなたは変われるかと言えば、習慣を新しいものにすること。これしかありません。新しいことを始め、それが習慣になれば、あなた自身はもちろん、他の人から見ても変わったと言われます。

よく書籍などで、「〇〇する方法」「自分を変える〇〇」などありますが、実際にはなかなか効果を実感することは少ないのではないでしょうか。読んだそのときは、

「お、いい方法だな。やってみよう」
「この方法なら自分もできるかも」
「変われるかも……」

と思うかもしれませんが、まず効果はないでしょう。

その理由は、結局続かないからです。つまり習慣になっていないから効果がないのです。

習慣とは、日常生活において「意識しないレベルで普通に行える行動」のことです。歯磨きや入浴、出社など、なんでもよいですが、「やってみよう」「これならできる」など気合を入れて行うものではなく、当たり前に行えることです。

もちろん、あらゆる習慣も、最初は意識的な行動が必要不可欠です。しかし、それを続けていくことで、習慣に変わっていきます。

「続けることが大事」ではなく「何を習慣にするか」が大事

こうやって書くと、「頑張って何かを続けなければいけない」と思うかもしれません。しかし、そうではありません。

私は、日常生活の習慣を研究し、そのニーズを捉えた商品群を提案する仕事をしています。言い換えると、「習慣を売る仕事」をしています。女性、男性問わず、日常生活における行動や習慣を観察し続けてきたことで、わかったことがあります。

習慣とは、**入れ替え可能な「箱」**のようなものです。

多くの人が習慣化に失敗する原因は、箱の入れ替えができていない状態で、新しいものを入れるからです。

イメージしてみてください。

1日はすでに習慣の塊です。1日24時間、1440分は、すでにもう無意識化された行動、つまり習慣が詰まっています。そこに新しい行動や習慣を入れようとするとどうでしょうか?

習慣化されていない行動が入る隙間はありません。

たとえば、「19時から家に着いたらランニングを始めよう」と思ったとします。その日1日なら、これまでの習慣を無視して、実践することができるでしょう。しかし、次の日には面倒くさくなったり、予定が入ったりします。結局「19時にランニングする」という行動は習慣にならず、いつも通りの毎日に戻ってしまうのです。

習慣化で一番大事なのは、いらない習慣を捨てること

ではどうすればいいのか？
それは、**いらない習慣を捨てて、新しい習慣を入れる**ことです。
習慣はトレードオフの関係になっています。

捨てれば、入れられる。
入れるなら、捨てる。
捨てることで、スペースが生まれ、新しいものを入れられます。

あなたが持っている習慣の箱、それを捨ててから、新しい習慣に取り組む。
それであなたは変わることができます。
本書では、「仕事の習慣の箱」「人間関係の習慣の箱」「お金の習慣の箱」「言葉と考

え方の習慣の箱」「心の習慣の箱」「健康の習慣の箱」で捨てるべきもの、入れるべきものをご紹介していきます。

何を習慣にするかで、自分は絶対、変わる。

あなたが手に入れたい自分になるために、本書を読んで、捨てるべき習慣と手に入れるべき習慣を身につけてください。

本書があなたの人生を変える一助になれば、著者としてこれほど嬉しいことはありません。

石川裕也

◎目次

第2章　一流の自分に変わる「人間関係の習慣」の箱

第3章 一流の自分に変わる「お金の習慣」の箱

第4章　一流の自分に変わる「言葉と考え方の習慣」の箱

第5章　一流の自分に変わる「心の習慣」の箱

第6章　一流の自分に変わる「健康の習慣」の箱

プロデュース　鹿野哲平
編集協力　森下裕士
イラスト　せとゆきこ
本文デザイン　二神さやか
DTP　野中賢（システムタンク）

序章

一流と二流を分ける習慣力

「一流」と「二流」は何が違うのか？

「一流の人」と「その他の人」の決定的な違い。

それは、「何を習慣にしているか」です。

私は仕事柄、多くの成功者や一流の人と出会う機会がありますが、実際に、そういった人とその他の人の違いは、第1に「小さな習慣の違い」だと感じています。

フランスの哲学者で数学者のルネ・デカルトは、次のように述べています。


「1日1日を大切にしなさい。毎日のわずかな差が、人生にとって大きな差となってあらわれる」

あなた自身を形づくっているのは、日常の小さな習慣です。

時間の使い方や考え方の習慣、仕事の習慣、お金に対する習慣、人づき合いでの習慣、健康に対する考え方とその習慣……など、ほとんどが無意識化された習慣の上に成り立っています。

日常生活の9割が、意思決定されることのない習慣によって、行動しているのです。仕事の始め方、集中の仕方、仕事の進め方、お金の使い方、雑談や会話の仕方……それらのほとんどは意識上に上がってくることはないはずです。

ですから、小さな習慣を一度洗い出して、取り入れる習慣、捨てる習慣を取捨選択することで、あなた自身が変わります。習慣の元となる行動を変えたとしても、一見、すぐには変化が見えないかもしれません。しかし、習慣を変えることは、人生を変える最短ルートになります。

上位20%の習慣を取り入れる

一流の人がやっている仕事の習慣、人間関係の習慣、お金の習慣、心の習慣、考え方の習慣……は、普通の人と少しだけ異なります。

日々の習慣が積み重なって、あなたの人生は形成されていきます。

そう考えると、あなたが一流の人の仲間入りをしたいのなら、やはり、習慣を変えることです。

習慣が変われば、自分は絶対に変わるのです。

そして、新しい自分に生まれ変わったら、あらゆる分野で得られる結果が変わり、人生が変わるのです。

もし、今あなたが、理想の状況を実現できていないのなら、それは、「習慣の質」が悪いからにほかなりません。

あなたは**「2－6－2の法則」**をご存知でしょうか。

簡単に説明すると、会社などの組織には、「優秀な2割の人」「普通の6割の人」「冴えない2割の人」が存在しているという法則です。

上位の20%は、生産性が高く、積極性に優れ、実績を出しています。

中間グループに属する60%が、平均的な結果を出しています。

下位20%は、生産性が低く、積極的に行動できずに実績を出せません。

日常生活ではなかなか気づくことができませんが、優秀な20%の人と、その他の80%の人が存在しているのです。

一流の人と呼ばれるからには、最低でもこの上位20%のポジションに属さなければなりません。つまり、

「上位20%の人がやっている習慣を知り、取り入れる」

「その他の80%の人がやっている習慣を知り、捨てる」

ということが、自分を一流に変える最短の道になります。

誰でも実践できる一流の習慣

私が一流の人々の習慣をみなさんに伝えられる理由を、ここで少しお話しします。

先にも述べましたが、私は仕事柄、多くの成功者にお会いしてきました。機会をうかがってはお話を聞いてきたことが、

「どんな習慣を持っているのか？」

ということです。なぜ、私がこのようなことを聞くのかというと、私は「習慣を売る」ビジネスをしているからです。

私の経営している会社が企画販売している商品は、「健康になるための商品」「キレイになるための商品」が中心です。つまり、人がどのような習慣や行動をしているかを研究し、そこに新しい習慣を提案することを続けてきました。

だからこそ、活躍している人の習慣には強い興味があり、何が人の習慣を形づくっているのか、人はどういった習慣を続けるのか、にも興味があるのです。

長年、活躍されている人々の習慣を探り、習慣化の秘訣を研究してきました。

その研究のストックが大量に蓄積された今、あなたの人生の質を高める手助けができると考え、今回、本を書かせていただいています。

私は、今まで、価値のある人生を生きていて、人生に何の不満もない人々の習慣を、直接聞き取り調査し、注意深く観察し、自分自身でも生かしてきました。

ただし、その中でも、実行できる習慣、実行できない習慣があることにも気づきました。

中には、能力が優れている人も、頭がいい人も、もともと成功者の子供として生まれてきた人も、ごく少数ですがいらっしゃいましたので、どうしても普通の人にはできないこともありました。

そこで今回は、無理やムダがなく誰でも実践できる、一流の人がやっている習慣、やらない習慣を厳選してご紹介していきます。

習慣とは、入れ替え可能な「小さな箱」である

あなたの箱には何が入っている？

習慣とは、1日という長方形の大きな箱の中に、横並びに隙間なく入っている、ひとつひとつの小さな箱のことだと私は考えています。

1日という箱の中に、10人いれば10人が、独自の大きさと種類の箱を入れて、敷き詰めているのです。1日は、様々な大きさと種類の箱が、並んでできあがっているということです。

また、頭の中にも小さな習慣の箱がギッチリ入っていて、考えたり、行動したりする際、その箱に入っていることがそのまま出てきます。

24時間の習慣の箱
4時
5時
6時
9時
10時
11時
12時
13時
14時
頭の習慣の箱
人付き合いの習慣
仕事の習慣
お金の習慣
健康の習慣
考え方の習慣
いつもと違う言葉の習慣
心の持ち方の習慣
習慣は入れ替え可能な箱

あなたの24時間の箱、頭の中の箱に入っているものがあるからこそ、いちいち意思決定をしなくても、無意識に行動を起こせるのです。

「朝7時前には家を出て、会社に行く」

という箱の中身があるから、わざわざ「今日は会社に行くべきかどうか」と考えずとも行動を起こせるのです。人は大小それぞれ多くの習慣の箱を持っています。

それぞれの箱を、

「どのような大きさの箱にするか」

「どのような種類の箱にするか」

「その箱の中に何を入れておくか」

で、仕事、人間関係、お金の結果が変わり、人生の質が変わってきます。

ですから、あなたは上質な箱を厳選し、1日という大きな箱の容量いっぱいに並べればいいのです。新しい箱を知り、選び、敷き詰めることで、あなたは変わることができます。

本書では、捨てるべき「習慣の箱」と、手に入れるべき「習慣の箱」をご紹介していこうと考えています。

習慣を箱と考えると、自分を変えることは難しくありません。

いらない箱を捨てて、新しい箱に入れ替えていけばいいだけだからです。

時間はすべての人に平等に24時間が与えられています。つまり、入れられる絶対量は決まっています。

だからこそ、何を捨てて、何を入れていけばいいのかを自分でしっかりと選ぶことが大切なのです。

悪い習慣を捨てなければ、いい習慣は入れられない

悪い習慣を捨てるからこそ、新しい習慣を入れることができます。

人によって違いはありますが、睡眠時間は4~8時間程度あると思います。残りは多くて20時間ほどしかありません。残ったその時間に、なんでもかんでも習慣の箱を入れ込んでしまうと、どれもが中途半端なものになってしまいます。

1日は、睡眠の習慣の箱や仕事の習慣の箱、プライベートの習慣の箱が入っている

わけです。

そして、仕事の箱の中にも、クリエイティブな仕事の箱、事務作業の箱、とさらに小さな箱が入っています。

そう考えると、1日24時間は変えることができませんから、どれかの箱を外に出さないと、新しい箱（習慣）は入れられません。

ダメな習慣の箱を捨て、一流の習慣の箱を入れていきましょう。

私自身はまだ道半ばではありますが、習慣の箱の入れ替えを行ってきたからこそ、以前では想像もできなかった、現在の人生が開けたのだと考えています。

まずはいらない習慣の箱を捨てなさい

「いい習慣だけを、どんどん身につけていきたい」

と考えるのが人情です。誰もが、いい習慣をたくさん入れたいと考えるでしょう。

しかし、まずはダメな習慣を捨てる必要があります。

あなたはすでに、たくさんの習慣を持っています。いいものから悪いものまであるはずです。だから、あなたがやるべきなのは、**捨てるべき箱を手放す**ことです。

つまり、不要な習慣をやめることからはじめてください。

でなければ、1日何時間あっても足りません。

私が感じているのは、一流の人は、セットされている習慣の箱がすべて上質だということです。

頭の中にセットされている習慣の箱の質が高いからこそ、意思決定も速く、確実に、常にブラッシュアップされた思考を手に入れられているのです。

習慣を捨てる

習慣を取り入れる

よい習慣をひとつでも多く1日の中に組み込み、今までの悪い習慣をひとつでも多く捨て去ってください。

そうすることで、あなたは自然と一流への道を前進していくことになるのです。

私自身、特別に頭がいいわけでもなく、特別に裕福な家庭で育ったり、特別に恵まれた人生を歩んだりしてきたわけではありません。

だからこそ、誰にでも、いい習慣が身につき、悪い習慣をやめる技を、お伝えすることができると考えています。

難しいことは何もありませんので、ぜひ、これからお話ししていくことを、ひとつでも実行してみてください。私が変われたのですから、あなたが変われないということはないのです。

第1章

一流の自分に変わる「仕事の習慣」の箱

「仕事をどう進めるか」で、自分は変わる

自分を変える習慣において、仕事に関することから見ていきましょう。

会社に入ったばかりの頃は、先輩から仕事のやり方や進め方について教えられたかもしれませんが、無意識にいつも同じやり方で仕事をしている人も多いかもしれません。

逆に言えば、思考停止をして、なんとなく仕事をしていて、それが習慣になっている人もいるのではないでしょうか。

当たり前ですが、仕事の習慣を変えると、仕事の結果が変わります。

仕事でバリバリ結果を出す人と、そこそこしか結果が出せない人は、仕事への取り組み方や進め方の習慣が違います。

たとえば、メールを返すスピードや朝の時間の使い方などを変えるだけで、仕事の

結果は変わってきます。ソフトバンクの孫正義氏は、ヤフージャパンの代表取締役社長に井上雅博氏を任命した際、その理由を「彼がメールの返信が一番速いから」と言ったと言われています。

仕事の習慣を変えられれば、多くのことが変わります。

様々な仕事の依頼が来たり、役職や年収が上がったり、人間関係が良好になったりと、仕事で評価されることは、自己実現の可能性にもつながります。

あなたをダメにする仕事の習慣を捨て、よりよい仕事の習慣を取り入れてみてください。

それがあなたを変える第一歩になります。

捨てる習慣 1

朝は作業をしない

一流は朝に「仕事」をする、二流は「作業」をする

働くということは、大きく「仕事」と「作業」に分けられます。

「仕事」とは、自ら考え決めたり、クリエイティブな思考を必要とする業務。

「作業」とは、すでに決められていることを行う業務です。

具体的に言うと、営業・商談や、プロジェクト単位または企業の戦略・戦術の策定、新商品の企画などが「仕事」です。作業とは、「データをパソコンに入力する」「経費の処理を行う」といったものが作業です。

一流の人の多くは、午前中に「作業」をやらず、「仕事」をやります。

なぜ、午前中に作業を行わないのでしょうか。

この理由はシンプルです。

人間の生体リズムから考えると、**脳は午前中にこそ最も冴え、思考することに向いている**からです。

新しいことや創造的なこと、知的さが必要なことは、午前中に行うほうが生産性が高いと科学的にもわかっています。

単純に、午前中は脳が冴えている状態なので、作業をするともったいないのです。

「何も考えなくても、手を動かしていたらできる作業」と「頭を使って考えて、しっかりつくり上げていかなければいけない仕事」。

まずは「仕事」を、「仕事」と「作業」の2種類として考えてみてください。そして、朝に作業している人はその習慣を捨てましょう。

たしかに、作業も大切なことではありますが、あなたの評価は仕事の結果で決まってしまうことを忘れてはいけません。

「仕事」に力を注ぐ習慣をつけましょう。

そのために、午前中に作業を行わなくていいようにスケジュールを組みます。

前日の夜にやらなければならないことを紙に書き出しておき、次の日の朝一で、「午前中、仕事を行い」、「午後から作業を行う」スケジュールをつくります。

私の場合は、重要な会議や、商品企画など考えることを午前中に行い、資料作成や事務処理などを午後に回します。

そして、朝早く出社する習慣もいいでしょう。一流の人の多くが、朝早くから出社すると言われています。6時に出社するというような人も、大勢います。

これは当然のことで、午前中にクリエイティブで重要な仕事を片づけるためには、誰からも邪魔されない環境をつくる必要があります。

みんなが出社してくる頃に、同じように出社して仕事をスタートさせると、人から話しかけられたり、お願い事をされたり、電話に対応したりと、仕事に集中できなくなってしまいます。

誰にも邪魔されない環境を自らつくり出し、頭が冴えた状態で仕事をどんどんこなしていくからこそ、結果を出すことができるのです。

捨てる習慣 2

貧乏くさいコストカットはしない

ダメなコストカットばかりする二流

会社という組織は、どんな規模であれコストカットに努めます。

人件費、研修費、アウトソーシング費、事務管理費、OA費、通信費、旅費・交通費、接待・交際費、水道・光熱費、地代・家賃、備品……など、これらすべてがコストカットの対象になります。会社によっては、エアコンの温度を調整して電気代をカットしたり、コピー用紙の裏紙を使用したりしているところまであります。削減できたコストはそのまま利益に置き換わるので、会社がコストカットを考えるのは当然です。

しかし、個人レベルで考えると、コストカットがいいこととは一概には言えません。

まずこの「貧乏くさいコストカットの習慣」を捨てましょう。

私が知る限り、一流と呼ばれている人で、貧乏くさいコストカットをしている人はいません。

私の言う**「貧乏くさいコストカット」とは、生産性とモチベーションを下げる「効率の悪い経費削減（節約）」**です。

コストカットは、生産性と表裏一体の関係にあります。

よいコストカット…行うことで、生産性が上がる、少なくとも下がらない

ダメなコストカット…行うことで、生産性が下がる、もしくは下がる可能性がある

貧乏くさいコストカットをすることには、大きなデメリットがあります。

それが、生産性とモチベーションの低下です。

ダメなコストカットは、生産性とモチベーションを下げる

貧乏くさいコストカットをすることで、生産性とモチベーションは下がります。

たとえば、コピー用紙の裏紙を使うことで、コピー用紙代は節約できます。しかし、裏に文面や図、写真などが入っていることで、表側の文章が読みにくくなったり、どちらの紙面が本来の用途で使われているか一瞬わからなくなったりします。

また、裏紙用の用紙に、人に見られてはいけない書類が入ってしまったり、裏紙用に使える紙かどうかをいちいち判断し、仕分けたりする手間も増えてしまいます。

これは節約できている一方で、生産性を大きく下げてしまいます。

また、モチベーションも低下します。

会社でこれを行うと、貧乏くさいコストカット意識が身につきます。無駄遣いしないことは大切ですが、貧乏くさい節約をする以上に生産性や売り上げを上げればいい、というマインドが身につきません。

会社全体で貧乏くさいコストカットをしていると、会議費や交際費、備品代、商品サンプル代……など、あらゆるものをケチケチしながら仕事をするようになり、お金を使うときは使う、使う必要がないときは使わない、という判断ができなくなります。するとお金を使わないことが優先事項として高くなり、生産性もモチベーションも上がっていかないのです。

生産性を上げるためにはコストをかけろ

コストはお金だけで計算してはいけません。

特に、ビジネスにおいて重要なのは、人とモチベーションです。

経営者の本音は、経費削減してくれる社員よりも、多少の経費がかかっていても、それ以上の働きで生産性の高い仕事をしてくれる社員のほうが有能だと考えます。

生産性を高める買いものや買い替えは、モチベーションを高めます。

たとえば、あなたも新しい手帳や財布などを購入したりすると、「よし、頑張ろう」とモチベーションが上がるのではないでしょうか。家庭においても、家具を新調すると、気分が高まるはずです。

使う物を新しくすることは、生産性とモチベーションを高めてくれます。

住むところなどもそうですが、節約だからといって、住みたくもない地域の質がよくない物件では、「こんなところに住んでいる自分は、ダメな人間だ」と自己評価を下げ、日々のモチベーションも下がっていきます。

コストカットしているつもりが、モチベーション低下につながり、結局は全体の生産性を下げることにつながるのです。

コストカットそのものが悪というわけではありませんが、なんでもかんでもコストカットをすればいいわけではないのです。

捨てる習慣 3

「非効率な効率化」を捨てる

効率化があなたの仕事を遅くする

仕事の効率化は死活問題です。ムダな打ち合わせをやめたり、ムダな書類作業を減らしたりすることは非常に大切です。

しかし、一見、効率化しているつもりでも、実は非効率的で、能率を下げることがビジネスシーンではよくあります。

最近多くの企業が、何かしらのＩＴのツールを導入し、社内的に業務の効率化を図るということをやっています。

しかし、多くの人が感じているように、こういった特定のＩＴツールを使った業務の効率化は、なかなか機能せず、コストがかかるだけに終わっているのが現状です。

効率化を図ろうとしていることが、非効率で、能率的ではないことの代表例です。

企業が導入する9割のＩＴツールは、ムダだと私は考えています。

こういったことは、会社の規則ですのでやむをえない場合もありますが、企業レベルだけではなく、個人レベルでも起こっています。

たとえば連絡に関して、多くの人が非効率的なことをしていると感じています。

今では、メール、フェイスブック、ライン、ツイッターと、連絡手段は多様で便利になっていますが、それを使いこなさない人が驚くほど多い。

実際、社内の人とは企業が導入した特定のツールで、社外の人との連絡は電話かメールでしかしないという人も多いのが現状でしょう。

多くの人が、一般的に言われているビジネスのルールやマナーを守り過ぎています。

ビジネスマナーの本を読むと、ビジネスシーンでＳＮＳを使って連絡することは、相手に対して失礼にあたると述べられていたりします。

しかし、本当にそうなのでしょうか。そんなことを考えている社会人が、現在、存在するのでしょうか。

連絡はすべて最速で行い、連絡も最速で受けとったほうがいいに決まっています。相手が何のツールを使っているのかを知り、最速でコミュニケーションができるツールを使うべきです。

連絡が遅れたことによって、ライバルに売り上げを取られてしまうといったことは頻繁に起こりますし、連絡が取れずに相手との信頼関係を崩してしまうこともよくあります。

連絡に関してだけではなく、効率化しているようで、非効率になっていることがないか、しっかりと吟味してみてください。

ビジネスのルールやマナーを厳守するのではなく、効率化を図る。非効率さを捨てるために、ときにはルールを破る覚悟を持つべきです。

原則に従うだけでは、普通の結果しか生まれません。ときには思い切って掟破りをしなければ、突出した結果は生み出せないと、肝に銘じておいてください。

捨てる
習慣
4

話を聞くときは、メモをとらない

メモをとるよりも大切なただひとつのこと

一流の人は、メモをとらない。

私もこれに気づいたときには大変驚いたのですが、たしかに共通しています。打ち合わせのときでも、会議のときでも、セミナーなどに参加しているときでも、結果を出している人ほど、メモをとりません。これは、メモをとることに夢中になっていて重要な話を聞き逃したくない、というのが一番の理由でしょう。

メモをとる習慣がある人にしてみれば、「メモをしないと、すぐに忘れてしまうじゃないか」と思われるかもしれません。

しかし、よく考えればわかることですが、相手の話を真剣に聞いていれば、大切な言葉は記憶に残るし、本当に重要な話は頭にしっかりと入っているものです。

あらゆる情報を丁寧にメモする人や、パソコンに話の内容を打ち込んでいる人。そういう人ほど、「デキない人」が多いように見受けられます。

メモをとることで安心感を得ているだけでは、本末転倒です。メモを熱心にとる人に限って、その後しっかりと見直していなかったりします。

あなたはどうでしょうか、メモを見返していますか？

メモを見返す習慣がある人は、それを続けても構いません。自分の行動を振り返ることで、そのとき浮かんだアイデアを形にしたり課題を潰したりしているのなら、とてもいい習慣になっているはずです。

しかし、メモや行動の見返しをほとんどしていない人であれば、メモ自体に意味がなくなっていますので、そのメモをとる習慣自体を捨ててしまいましょう。

代わりに、今その瞬間に１００％集中してみてください。

相手の話をしっかり聴き、笑い、楽しみ、受け止めてみてください。そのほうが見返さないメモをとるよりも、何倍も有意義です。記憶にも残り、相手にもいい印象を与えます。

捨てる習慣 5

先延ばしグセをやめる

ストイックは続かない

やめたい習慣は誰もが持っていると思いますが、その中でも代表例は、「先延ばしグセ」ではないでしょうか。

締め切りギリギリにならないと、何もやらない。これは、人間の性《さが》でもあるので、みなさん自分なりに対策を持っているのではないでしょうか。

多くの人が考える先延ばし防止策が、「締め切りを本当の納期よりも、自分の中で数日早く設定する」ということです。

しかし、人間は自分に甘い生き物ですから、たとえば2日前に自分の中で締め切りを設定しても、「あと2日ある」と思ってしまうものです。こういった予防策は、ほとんど失敗に終わります。

先延ばしグセを直すためには、大前提として、「自分ほどいい加減な人間はいない」と自覚しておくことです。意思の力で、何とかなると思ってはいけません。

もともとストイックな人はいいのですが、そんな人はあまりいません。多くの人は、自分に甘いのです。

先延ばしできない力を使う

だからこそ、締め切りに「強制力」が働くようにするのです。

強制力を働かせる、最も簡単な方法は、仕事相手を巻き込むことです。

仕事とは、ひとりで完了するものではありません。誰かしらに、自分のやった仕事を渡すことで完了します。

だから、仕事を部分的に完成させて、このタイミングで出しますと相手に伝えるなど、細かく締め切りをつくるのです。こうすることで、先延ばしグセが驚くほど改善されます。

相手があると、「締め切り」が「約束事」に変わり、強制力が働きます。

たとえば、ランニングも、友達と一緒にやると続くといいますが、それは、どちらかが迎えに来るからです。そうすることで走ることに責任が発生するし、義務が発生します。

また、企画書をつくるとしましょう。その場合、1日1項目進め、「毎日進捗をお見せします」と相手に宣言するのです。企画書をチャプターごとに切って、見せていくことを強制的に行っていくのです。

そうすることで、コツコツ企画書の作成を続けられ、納期に完璧に間に合うようになります。

小さな締め切りに、他人を介在させるというのは、先延ばしグセを改善する秘訣なのです。

入れる習慣

1

「できるタスク」からこなすほうが仕事は速い

優先順位はいちいちつけない

ビジネスでは、一般的に、優先順位を明確にすることが求められます。

たしかに、緊急性が高い仕事、重要な仕事を最優先でこなすことは大切です。

しかし、緊急性が高い仕事、重要度が高い仕事は、わかりやすく優先順位をつけていくことができますが、そのほかのことは、なかなか優先順位をつけにくいものです。

仕事中のスピードと質を上げたいなら、優先順位をつけるより、「できるタスク」からこなす習慣をつけましょう。

私も、差し迫った重要な仕事以外には、あまり優先順位をつけないように心がけています。

その理由は、これをやるべきか、あれをやるべきか、とすべてに優先順位をつけることは時間のムダにしかならないからです。

逆に、今できるタスク、すぐに終わるタスクから仕事をこなしていくほうが、仕事のスピードは上がっていきます。とっつきやすい仕事から手をつけて、どんどん完了させていきます。

午後の「作業」のタイミングになったら、「終わらせやすい仕事」からどんどん手をつけましょう。「終わらせやすい仕事」とは、自分が気分を高めてできる仕事と、ひとりで完了できる仕事のことです。

「次のプロジェクトの企画を考えたい！」など、モチベーションが上がり、気分が乗った状態で行える仕事は、集中力もグッと高まり、質もスピードも上がります。

また、「ひとりでできる仕事か」「ほかの人と共同で力を合わせてやる仕事か」という点でも手をつけていく順番は変えるべきです。

自分だけで完結する仕事は、なるべく早く手をつけ、終わらせていきます。

なぜなら、こういった仕事は自分が決めればいいので、終わらせるまでの時間が短いからです。

関わる人が多ければ多いほど、仕事を動かすために調整が必要になります。多くの人が関係するタスクは、他人のレスポンスや状況を見てしか進まない場合があり、なかなかテンポよく仕事を片づけることができません。

人が集まれば意見が食い違うこともありますので、ひとりで行う仕事より、時間がかかってしまいます。

他者と共同で行う仕事は、十分な時間が必要なので、優先順位を高めると、1日の生産性が下がってしまいます。準備が整い、みんなのタイミングが合うまでは手をつけないようにしたほうがいいのです。

入れる習慣 2

メール・電話のレスポンスは最速でする

「速いこと」は善である

仕事ができる人ほど、レスポンスが速い――。

よくこういった意見を耳にすることがありますが、私もこの意見には賛成です。私自身、多くの成功者にならって、すぐにレスをするように心がけています。

先にも書きましたが、現在は多種多様な連絡ツールが使われるようになりました。

・メール
・電話
・フェイスブックメッセンジャー
・ライン

・ツイッター
・チャットワーク
など、人によってよく使うツールは様々でしょう。

あなたは連絡において習慣を持っていますか？

私は、「最速」で行うこと。「メッセージチェックは行動とセット」にしています。

とにかく相手と速くつながるために、最適なツールを使い、メッセージを見たらすぐに返信するようにしています。

この人だったら電話かな、この人だったらメールかな、この人だったらフェイスブックがいいなと、最速で対応してもらえるツールを使うようにしてます。

ただし、レスは速ければ速いほうがいいのですが、仕事の中心にメッセージを見る、送るということを位置づけるのは非生産的です。

そこで、メッセージチェックをするタイミングを決めておくことが重要です。

私の場合は、

「行動＋メッセージチェック」

がひとつの習慣になっています。

わかりやすく言うと、「○○をしてすぐ」「○○した後」、メッセージチェックの時間にあてています。

たとえば、電車に乗ってすぐ、電車から降りた後、仕事が一段落した後、メッセージを確認するようにしています。

中には、○時にメッセージをチェックするというように、特定の時間を決めている人もいますが、これはあまりいい手ではありません。

12時と17時にメールをチェックする、といったように、メッセージ確認の時間を決めてしまうと、1日に2度しか返信することがなくなってしまい、即レスしているとは言えないからです。

時間を決めてチェックするのではなく、「行動＋メッセージチェック」をすることで、レスのスピードは上がっていきます。

逆に、レスではなく、こちらから先に相手に連絡をするときも、最速を目指します。なぜなら、レスポンスを待っている時間がビジネスの遅れる一番の原因だからです。

ですから、ときにはメールをして、さらにメールの文章をコピーして、フェイスブックで送ったりもします。

常に相手がメールを見られる環境にいるわけではありませんので、複数の方法を使って、なるべく早くメッセージを見てもらうのです。

連絡のフットワークが軽い人ほど、大成します。

その理由は単純。

それは、レスポンスのスピードこそが、相手方との関係をいいものに構築するからです。仕事の出来が多少荒かろうと、レスポンスが速い人というだけで、信用されるようになります。

人間関係は、「ギブアンドテイク」だと一般的には言われますが、人に与える数のほうが多い人ほど、成功の速度は早まります。

心理学には**「返報性の法則」**というものがあります。

人は何かを与えられたら、何かお返しをしないといけないという感情を抱きます。

あなたがレスポンスを最速にすることをしていると、相手もなぜか、

「この人にはレスポンスを速くしないと」

「いつも速く返してくれるから、また仕事の依頼をしよう」

と思う心理が働きます。

しかも、一流の人ほど、時間に対する感覚がシビアですから、どんな仕事であっても、すぐに動いてくれ、すぐにレスポンスをしてくれる人は評価が高まるのです。

レスポンスを最速にするコツ

ひとつは、**「メッセージの内容を考えすぎない」**ことです。

「どういう内容で返そうかな……」

「どういう文章にすればいいかな……」

と迷っている時間が、レスポンスが遅れる代表的な原因です。人によっては送る内容を考えたいからと、どんどん先送りにして、翌日や翌々日まで粘る人もいます。

もちろん、内容によっては文面をじっくり考えて送らなければならないものもあるでしょう。しかし、9割の連絡はそうではないはずです。

ある著名な心理学者は、レスポンスは見たその場で返すと決めている、と言っていました。なぜなら、即レスをしても、時間をおいてレスをしても、アウトプットの質はほとんど変わらないからだそうです。

私自身も、以前は熟考し文章をつくり、何度か読み直してからメッセージを送っていましたが、どれだけ考えても、送る内容の質に大して変わりはないことに気づきました。

今では、**最低限失礼な文章でなければいい**、と割り切っています。

とにかく、一流を目指すのなら、すぐにレスポンスすることを心がけてください。

入れる習慣 3

残業は定期的に買ってでもやる

ハードワークの経験は武器になる

多くの優秀な経営者が、「ハードワークを経験しておかなければ、いざという勝負どころで、結果を出せない人間になってしまう」と語っています。

仕事では持久力勝負になることが必ずあります。

いざというときに踏ん張れる気力と体力がなければ、大きい仕事や重要な仕事を乗り越えられなくなります。仕事はトラブルの連続であり、調整の連続です。自分が思うとおりに進まないのが仕事。そうしたときには必ずハードワークが強いられるのです。

では、ハードワークをこなせる力はどうすれば手に入るか？

それは、**若いときにどれだけ多くの仕事量をこなしたか**、によります。

だからこそ、私はあえて定期的にハードワークをこなすようにしています。

仕事には、波があります。いいときもあれば、悪いときもある。それが仕事です。

常に調子がいい人はいません。

現在、あるベンチャー企業経営者で、超がつく有名企業で働いていたとき、最年少で役員になった男がいます。私の中で、彼はハードワーカーの代表例です。

頭角を現す人の多くは、死ぬほど仕事をした時期が必ずあります。

仕事の波が下がってきたときには、仕事の調子が落ちたときや、売り上げが下がったとき、プロジェクトが予定よりも悪いスタートを切ったときなど、ハードワークでなんとか乗り切らなければならないときがあります。

しかし、ハードワークの経験がなければ、こういったいざというときに踏ん張りがきかず、一気に自分の評価を落としてしまいかねません。

死ぬ気でハードワークをやったことがある人は、どんなに状況が悪いときでも、勝負どころがきたとしても、踏ん張りがきく人間になるのです。

最近では、「ワーク・ライフ・バランス」が大事だと言われていますが、優秀な人ほど**「ワーク・イズ・ライフ」**と考えているように感じます。

いい悪いは別にして、「仕事＝人生」の人ほど、一流と呼ばれる人になっていくのではないか、と私は思います。

仕事がうまくいっていないと感情の状態もよくありませんし、何より十分な収入がなければ、プライベートの状態も悪くなるのは当然だからです。

若ければ若いほど、ワーク・イズ・ライフの感覚を自分の中に浸透させましょう。年を取れば取るほど、仕事への姿勢は完成されてしまい、変えることがなかなかできません。

成功者の多くが、ハードワーカーです。

だからこそ、私は「残業は定期的に買ってでもやる」という習慣をオススメしています。

入れる習慣

4

「自分アポ」を人生の最優先事項にする

自分の都合を大事にできる人が大成する

一流の人ほど、他者のアポよりも、「自分のアポ」を最優先にします。

「まずは自分を大事にする」と言い換えてもいいでしょう。

頼まれごとをされても、思考停止でなんでもかんでも請け負うのではなく、

「○○という仕事を今やっていますので、それが終わってからでも大丈夫でしょうか」

という具合に、自分のスケジュールを優先して仕事を組み立てています。

できる人ほど、自分の時間をしっかりと確保するのです。

結果を出せない人は、他者からアポを入れられるばかりで、

「あれをやっておいて、これをやっておいて」と、自分の評価が高まらないことに時

間を忙殺されていきます。

他者の仕事を手伝ってあげることは、それはそれでいいことです。新人ならどんどん仕事を受けてスキルを磨くべきですし、立場上、上司の仕事を手伝うことは、当然やるべき大事な仕事です。

これは何も「他人の仕事を手伝うな」と言っているのではありません。**自分でアポを入れて、それを大切にする**必要があるということです。

社会人になってからある程度時間が経っているのなら、上司からの仕事でも、自分の仕事の状況を説明してからしか請け負わないことにしてください。

「この時間には絶対にこの仕事をする」

といった具合に、自分のアポを最優先し、残りの時間で他者のアポに対応して、時間をコントロールしましょう。自分自身のアポを大切にしている人のみが、頭角を現すことができるのです。


「自分の人生の時間は自分でコントロールする」

そんな意識を持つだけで、自分のアポを率先して入れることができるようになります。まずは、自分がやりたいこと、やるべきことを明確にして、スケジュールに組み込んでいきましょう。

オススメする自分アポ

自分アポは本来、自分が本当にやりたいことや夢を入れるべきです。

もしも、そういったものがない場合は、「体を鍛える」という自分アポがオススメです。私が知る限り、できる人の多くが体を鍛える時間を確保し、優先順位の上位に位置付けています。体を鍛える時間を決めてから、それができるように仕事を組み立て、定時に終わらせるようにしているのです。

仕事帰りに、ジムに行ったり、ジョギングをしたりするのは定番です。

それができなくなるようなアポは受けつけません。

なぜ、体を鍛えるのか。

これは、一見、健康になるためだと思うかもしれませんが、実は、体を整え仕事のパフォーマンスを上げるため、という人が多いです。

あまり知られていませんが、筋トレやジョギング、ウォーキングなどは、テストス

テロンという男性ホルモン値を高めます。これが高まると、
「闘争心が高まりやすい」
「自分を表現する能力が高まりやすい」
「人の心をつかむ能力が高まりやすい」
などと言われています。

実は、体を鍛えるということは、直接仕事の結果に結びついているということです。

私自身も、もう4年ほど、水泳を習慣として、体を鍛えています。

スケジュールは他者に入れられるものではなく、自分で入れるものです。あなたも、自分にアポを入れる習慣を身につけましょう。先に自分がやりたいことを入れていくこと自分が達成したいことは達成できるようになります。

自分がやりたい遊びや仕事、夢、健康のための時間、家族との時間をスケジューリングしてから、ほかの人との予定を入れていけばいいのです。

入れる習慣 5

自己への投資は、最高の長期投資

結果を出す人ほど練習をする、という当たり前のこと

心理学者のK・アンダース・エリクソンは、ベルリン音楽アカデミーで学ぶバイオリニストを、「スターのグループ（世界的な演奏者になれる可能性のある学生）」「優れていると評価されるにとどまるグループ」「プロになるのは厳しそうな、公立学校の音楽教師を目指すグループ」の3つに分け、「はじめてバイオリンを手にしたときから、これまで何時間、練習してきたか？」という質問をしました。

すると、トップの学生の総練習時間は、1万時間に達しており、優れた学生は8000時間、音楽教師を目指すレベルの人は4000時間を少し下回るとわかったそうです。

つまり、一流に近い人ほど、練習時間が長いということです。才能より、訓練にかける時間のほうが大切なのだと、しみじみ私は感じました。

私の周りの一流と呼ばれる人々は、本を多く読み、勉強会やセミナーにも積極的に参加しています。私自身も、次世代の産業やリーダーになるための勉強会やセミナーには、極力参加するようにしています。

情報は「誰から学ぶか」で変わる

一流の人ほど、自分の仕事の道を切り開こうと、一生を学びの場だと捉えています。新しいインプットがなければ、新しいアウトプットはできません。アウトプットができないということは、仕事で大きな成果を出すこともできないのです。

勉強会やセミナーに参加することが、ハードルが高いと感じる人は、読書の習慣を日常の中にぜひ組み込んでみてください。

今まで仕事に関する勉強をする習慣がなかった人は、はじめのうちはビジネス書を読む必要はありません。まずは、どんなジャンルでもいいので、好きな本を読んで、読書の習慣を身につけてください。

本を読む習慣がついてきたら、徐々に、あなたが身を置く業界のトップランナーが書いた本を読むようにしましょう。あなたと同じような仕事をしていて、何かしらの結果を出している人の本は、必ず学ぶところがあります。

ただし、本を読むときは、内容だけで本を選ばず、著者のプロフィールを必ず読んでから選びましょう。仕事の姿勢や、やり方をすんなり自分の中に落とし込むには、誰が書いたかが重要になります。

想像してみてください。

親から「こうやって勉強しなさい」とアドバイスをもらっても実行しなかったけれど、塾の先生から「こうやって勉強しなさい」と言われたら実行していた。

そんな経験は誰にでもあるはずです。

本の内容を自分の中に落とし込むときに、誰が書いているのか、ということは非常に重要なのです。

入れる習慣 6

オフのときこそ臨戦態勢

アイデアはオフモードのときこそ現れる

仕事で結果を出したければ、休日も仕事モードを完全に切らないことです。

オフの日にスーパーへ行ったとして、仕事モードのスイッチを完全に切っていると、「何が売れているのか」「どのように販売促進をしているのか」といった、ビジネス力を高める気づきがまったく得られないことになります。

この習慣を持っていなければ、何も発見できません。

仕事時間以外で行く場所こそ、仕事に役立つヒントが落ちています。

完全にオフモードにするのではなく、仕事モードをアイドリングした状態にしておいてあげると、ビジネスに役立つ情報を仕入れることができます。

休日に仕入れる情報は案外馬鹿にできません。

こういうときに仕入れた情報が、質のいいアイデアを生んだりするのです。

昨夏、ロート製薬が「デ・オウプレミアムリフレッシュシート」という商品を発売しました。ボディペーパーやフェイシャルペーパーは、たくさん販売されていますが、これは、おしぼり型のボディペーパーで大変素晴らしい商品だと感じました。

パッケージには、

「この拭き心地　まるで冷やしおしぼり」

というキャッチコピーが書かれていました。

これを店頭で見たときに、私は「やられた」と思いました。こういった気づきができるのも、オフのときでも仕事モードを切っていなかったからなのです。

では、休日でも仕事モードを完全に切らない秘訣はあるのでしょうか。

そのひとつの方法が、「朝のリズムを変えない」ことです。

平日はいつも7時起きなのに、休日になるとお昼近くまで寝ている方がいます。休みの日くらいゆっくり寝ていたいと思うかもしれませんが、生活リズムを切り替えることで完全オフモードになってしまいます。

平日と休日の生活リズムをできるだけ同じにすることで、完全オフモードになることなく過ごせるようになります。

もう一つは、仕事に生かす「コピー訓練理論」です。

たとえば、電車に乗っていて、広告を目にしたとき、キャッチコピーを考えるのです。もちろん、そういった仕事に関係ない方もいるでしょうし、そういう方のほうが多いでしょう。しかし、それは関係ありません。休みの日でも臨戦状態にしておく訓練なのです。なので、好きにコピーをつくる言葉遊びをしてみましょう。キャッチコピーでなくとも商品企画でも構いません。

「コーヒー味のエナジードリンク誕生！」

「美肌はコーヒーでつくれる」

など、なんでも構いません。意味不明でもいい。単純に言葉の組み合わせを考えるだけでもいい。

言葉の力は不思議なもので、こういった言葉遊びをしているだけで、柔軟な思考や言葉のセンスが磨かれます。雑談をする際にでも、パッと面白いフレーズが言えるようになったりします。

この訓練を習慣にしていると、自然とついつい自分の仕事のことを考えたり、仕事に活かす方法を考えたりするようになります。

電車に乗ったら、最低1つ、1日に3つくらいつくってみましょう。

これを続けることで、オフのときこそ柔軟で臨戦態勢ができるようになるはずです。

入れる習慣 7

すぐに集中できるルーティンを持つ

組み合わせが集中力をつくる

「できる人ほど集中力が高い」ということは、誰でも想像できると思います。特に仕事に関しては、自分のテリトリーのことであれば、圧倒的な集中力を発揮します。

仕事のスタートダッシュを決める秘訣は、「すぐに集中するためのスイッチ」を持つことです。すなわち、「集中に入るためのルーティン」を持つことです。

ルーティンというと「ルーティンワーク」といった言葉のように、決まった仕事に聞こえるかもしれませんが、そうではありません。

特定の行動や動作をすることで、自分の精神状態のパターンをつくることです。

少し前ですが、ラグビー日本代表の五郎丸選手がキックの前に行った「五郎丸ポーズ」が有名になりました。あれが、ルーティンです。

五郎丸選手だけでなく、多くの一流のスポーツ選手が独自のルーティンを持っています。ルーティンは、心理状態を安定させて、集中力を高めると言われています。

・メールを1本打ってから仕事を始める
・1件電話をしてから仕事を始める

こういった具合に、自分独自のルーティンを持っている人もいるでしょう。

ルーティンは、いろいろ試してみて、自分に合ったことをするのが一番です。

集中力は五感を使うと、もっと切り替えられる

私のオススメは、音楽と匂いを使ったルーティンです。

音楽を一曲聴いてから仕事を始める、アロマの香りをかいでから仕事を始めるなど、「これをやれば集中状態に入れる」という独自のスイッチを持ってみてください。

ちなみに私は、葉加瀬太郎さんの『情熱大陸』の音楽を聴いてから仕事に入ると、集中することができます。

また、最近では、雨の音を収録した音源が話題になっています。

これは、**雨の音で、その他の雑音を遮断するので、集中しやすい効果**があるのではないかと考えられています。

鼻にツーンとくるような香りも、集中のスイッチになると言われています。

レモン、オレンジなどの柑橘系の香りや、ローズマリーやペパーミントなどのハーブの香りをかいでみて、自分に合ったものをルーティンにしてみてください。

私の会社のオフィスでは、精油ブレンディングの第一人者として活躍する、アネルズあづささんにブレンドしてもらったオリジナルのアロマを焚いています。

仕事の結果は集中力によって大きく変わります。あなたが仕事で結果を出したいのなら、自分なりの集中力を高めるルーティンを見つけてみましょう。もし、それがなければ、五感を使うなどして、つくっていきましょう。

第2章

一流の自分に変わる「人間関係の習慣」の箱

人間関係も習慣で決まる

人が自分ひとりでできることは、たかが知れています。

物事はひとりでやるより、多くの人とやったほうが大きな結果が出せるものです。

一流の人ほど、コミュニケーション能力や信用度も高く、なにより人から嫌われない術を持っています。

あなたに協力してくれる人が多くいれば、それだけ成功する速度は高まります。多くの人の力を借りながら物事を行っていけば、ゴールへ到達する時間は短縮されるのです。

この章では、いい関係をつくる習慣をご紹介していきます。

一流の人には、絶対にやらない人間関係の習慣があり、結果を出すためにやっている習慣があります。

「何をやって」「何をやらざるべきか」を知り、人間関係構築の指針としてください。

住友金属鉱山元社長の藤森正路氏は、

「一緒にやろうという力がまとまってこないと物事は前へ進まない。成功の成否は人の和にあり」

と述べています。つまり、人間関係がうまく円滑になっていなければ、物事は何事もうまくいかないと言っているのです。

これほど人間関係は重要です。

大きな結果を出すには、人とのつながりを強める力が必要です。

相手の立場に立って考えられる人は、よき理解者、協力者を得ます。

こういった、強い絆でつながった人は、必ずあなたを助けてくれる、大きな財産となるのです。ぜひ、いい仲間を持ってください。

捨てる習慣 1

運の悪い人とはつき合わない

運は伝染する

人と人が向き合ったとき、2つの脳は同じような活動をする、と言われています。

たとえば、あなたの目の前の相手が手を上げたとします。

その人の脳では、手を上げるために必要な部分が当然働きます。しかし、驚くことに、相手が手を上げているのを見るだけで、あなたの脳も、自分が手を上げているときに働く部分が活動するというのです。

これはミラーニューロンと言われ、対面している人の動作、意図、感情までも写し取ってしまうと言われています。

「子供は親の背中を見て育つ」とよく言われますが、これには根拠があったのです。

これと同じように、人はつき合う人と、似たような人間になっていきます。

一流の人は、運の悪い人とはつき合いません。

いい・悪いという話ではなく、それが現実です。

有名な話ですが、かの松下幸之助は、面接のときに必ず、「あなたは運がいいですか?」という質問をしていたと言われています。運が悪いと答えた人は、どんなに学歴がよくても採用しなかったのだそうです。

頂点を極めている人は、運の大切さを経験的に知っています。

私自身も、運は伝染すると考えています。

もちろん、仕事をしていれば自分と合う人・合わない人は出てきます。苦手な人でも仕事上つき合う必要はあるでしょう。

しかし、運の悪い人というのは、避けるべきです。

ツイていない人は、ツイていない雰囲気を身にまとっています。

そういう人と接していると、心身ともに疲れ、ネガティブな感情がわき上がり、モチベーションが下がってしまいます。

では、運が悪い人は、どのように見定めればいいのでしょうか。

「運が悪い人は避ける」と言うと、人によっては偏見や思い込みではないのか？　と思うかもしれません。そうではありません。見極め方があるのです。

私が言う「運の悪い人」には、次のような特徴があります。

- **ネガティブな発言ばかりする**
- **人のせいにする発言ばかりする**
- **とりあえず否定ばかりする**

こういった人は、まず間違いなく運の悪い人です。

たとえば、運が悪い人は上司や同僚、自分の会社の悪口、グチを言う傾向があります。そういう人とは必要以上にはつき合わないようにします。

逆に、運のいい人は、発言もポジティブで、虚勢を張ったり、威張ったりすることもありません。そういった人とは、今後もおつき合いをしたいなと思いますし、自分もああなりたいというモチベーションがわき上がってきます。何より、自分自身が元気になり、エネルギーに満ちあふれてくるのです。

脳科学者の中野信子さんは、『科学がつきとめた「運のいい人」』（サンマーク出版）の中で、運がいい人の特徴を次のように述べています。

・プラスの自己イメージを持つ
・運がいいと声に出して言う
・利他行動をとる
・ポジティブな祈りをする

こういった特徴のある運のいい人とつき合うようにして、あなた自身の運も高めていきましょう。

捨てる習慣 2

苦手な人とはつき合わない

人間関係を整理すると、人生がラクになる

仕事上の人間関係なら、仮にイヤと思っていても簡単に断つことはできません。

ビジネス上のつき合いは、売り上げや信用に大きく関わります。関係を悪くしてしまえば、上司や同僚に迷惑をかけたり、会社の利益を損ねたりする可能性があります。

苦手だからといって人間関係を断ち切れないのは仕方がないでしょう。

実際、苦手な相手であっても、「ビジネス上メリットがあるから、つき合っておこう」と考えてしまうことはよくあることです。

しかし、そういった関係のまま人間関係を続けたとしても、実際はあまりいいことは起こりません。ビジネス上のメリットでみる関係性は、結局ビジネス上でもそこそ

この関係にしかなり得ないのです。

だったら、思い切って「苦手な相手とはつき合わない」と決めてしまうのもひとつの手です。苦手な人となるべくつき合わないための習慣をご紹介しましょう。

そもそも、**「苦手な人をなるべくつくらないこと」**が第一です。

基本的にはいいところを見つけ出して接する。

それだけで、意識はかなり変わります。

それでも、「苦手だ」「つき合いづらいな」と感じたときは、きっぱり人間関係を断ち切ってしまえばいいのです。

苦手な人の定義はなかなか難しいですが、ここで明確な基準をつくっておくと、人間関係が整理され、人づき合いがラクになり、人生も過ごしやすくなります。

私の基準はシンプルです。

①嘘をつく人

②頑張らない人

③高圧的な人
④お金の話ばかりする人
⑤すぐに物事を勝負事にして賭け事にしようとする人

です。この5つのどれかの特徴を持つ人とは、距離を取ることが得策です。

以前は私も、苦手な人と無理をしてでもつき合うようにしていました。

「仕事のためだから、仕方がない」と考えていたのです。

しかし、そういった関係を続けていても、あまりいいことはありませんでした。

結局、時間をムダにしただけで、かつストレスもかかえることになりました。そうして、自分をどんどん消耗させていっただけ。

相手のこともどんどん嫌いになっていくので、次第に話も噛み合わなくなっていきます。苦手な人とつき合っていても、お互いにいいことはないのです。

たとえば、苦手な上司に飲み会の席などに誘われることがあるでしょう。すべて断るのは難しいかもしれませんが、ときにはハッキリと断ることが大切です。飲みに行く回数を減らすことで、少しずつでも距離を取っていくことです。

本当につき合うべき人は誰か？

では、逆に、どういった人とつき合っていけばいいのでしょうか。

つき合うべきなのは、**「あなたより少しだけ先に進んでいる人」**です。

成功までの方向性と時間軸が同じで、一緒に成長していける人とつき合うということです。注意が必要なのは、圧倒的に自分と差がついてしまっている人とは、はじめのうちはつき合わないことです。

自分と考え方が違いすぎたり、キャリアに差がありすぎたりすると、同じ空間にいても居心地が悪く感じるはずです。これはこれで非生産的な、ムダな時間を過ごすことになります。

私も失敗した経験があります。

一時期、東証一部の上場企業の社長や役員の人ばかりが集まる場に、積極的に参加していました。

しかし、会話で出てくるワードが、普段自分が使うワードと違いすぎるのです。共通言語があまりなく、接点なども見つけることが難しく、いい関係を築くまでに至りませんでした。

そのとき私は、「まだ自分は、このステージで居心地がよくなれるほど成功していないのだな」と実感しました。

そして、そのとき決めたのです。

「ギリギリ居心地が良く、一緒に成長できる人とつき合おう」と。

それからは、自分と同じような言語を使っていて、少しだけ自分より高いレベルの能力を持っている人で成功を目指している人とつき合うようになりました。

成功者と自分のレベルの中間くらいに位置する人とつき合うことが、もっとも成長を加速させられると今では感じています。

自分よりも少しレベルが高く、尊敬できて、苦手なポイントがない人とつき合うことが、成長を加速させるコツです。

そういう人は、ステージも高すぎないので、あなたを受け入れてくれることが多く、一緒に時間を共有させてもらうだけで、自然と成長できるのです。

捨てる習慣 3

能力で評価されようと思わない

高い能力よりも大事なこと

人は、自分と他人を比較してしまう生き物です。

多くの人が、自分自身の能力を、より高く評価されたいと考えてしまいます。

「この人は能力が高いから、つき合っておいたほうがいい」

そんな損得勘定で人づき合いを考える人が多いことも、否定はしません。こういった考えの人が周りに多いと、たしかに能力を評価されたいと考えてしまうのも仕方がないのかもしれません。

ただ、私は「能力だけがすべてではない」と、あなたにお伝えしたいと思います。

信用できて、能力が低い人。

信用はできないけど、能力が高い人。

この2タイプなら、前者を目指すべきです。

当然、信用できて能力が高い人になることを目指すべきですが、まずは能力より、信用されることを目指してみてください。そのほうがより速く自分を成長させることができます。

能力は高いけれど、人として欠落している部分が多い、高圧的で謙虚さがない人。

能力はまだ足りないけれど、人として信用でき、自分のことだけでなく、周りのことも考えられる人。この2択だったら、間違いなく私は後者を評価します。

実は、私の会社の採用基準では、「信用できるかどうか」を大切にしています。

「この人は、信じられる人か？」ということを、まず見定めて、採用するかどうかを吟味します。そのほうが能力やこれまでのキャリアよりも、最終的にはいい結果をもたらします。

「この人は、すごく能力が高いから、信用度は少し低いけど採用しようかな」と迷ったことは当然ありますが、そういう人は、のちのちトラブルを起こす可能性が高いので、思い切って採用を見送ります。少し能力は低いけれども、いい人を取ったほうが、長期的に考えると会社に貢献してくれるのです。

なぜなら、不真面目でなければ、働いているうちに能力はある程度のレベルまで上がっていくからです。会社は、突出した能力の人ばかりがいても、意味がない側面もあるのです。

「この人は信用できる」と見定めるポイントは、その人が自分の失敗談を語れるかどうかです。自分をありのままにさらけ出せる人、とも言えるでしょう。

これは逆に言えば、相手から信用されたければ、ありのままをさらけ出す必要があるということです。もちろん、なんでもかんでもさらけ出したり、バカ話ばかりすればいいというわけではありませんが、自己開示ができなければ、相手も心をひらいてくれません。

また、あなたが一回りもふた回りも成長したいのなら、ノーをはっきり言ってくれる人とおつき合いするようにしましょう。間違ったことをしっかりと否定してくれる人は今の時代とても貴重です。そういった人といい人間関係が築ければ、自然とあなたは成長していけるはずです。

捨てる習慣 4

誰にでもいい顔をしない

一流の人ほど八方美人を嫌う

「誰にでもいい顔をしてしまう」

あなたがもし、無意識にでも、そんな習慣やクセを持っていたら、それは捨ててしまいましょう。

以前、『嫌われる勇気』(ダイヤモンド社)という本がベストセラーになりましたが、いい人を演じることに疲れている人が多いのかもしれません。

私自身も、以前は誰にでも好かれようと考えていた時期があり、その頃はいつも自分を取り繕っていました。こういうふうにしたらいい人に見えるなと、無意識にいい人である自分を演出していたのです。

しかし、そういう思慮の浅いことをしても意味はありませんでした。

誰にでもいい顔をしても、プラスに働きません。

というのも、それなりの地位にある人と向き合うと、すぐに「こいつは誰にでもいい顔をするんだな」と見透かされてしまうからです。

気に入られようとして擦り寄るようなことが習慣になっている人は、気をつけたほうがいいです。相手が一流の人であるほど、思いっきりバレています。「誰にでもいい顔する人」と思われると、あなたの言動のすべての信用を失います。相手のためにと言葉を発しても、行動をしても「ほかの人にも言っているんだろう」と思われてしまうのです。

そのことに気づいてからは、私も誰にでもいい顔をするのをやめました。

このことに気づいたきっかけがあります。

懇意につき合っている60代の経営者の方と、一緒にビジネスをしていたのですが、あるとき、私の都合でその案件にストップをかけざるを得なくなりました。

大変失礼なことをしてしまったという思いがあり、なんとか申し訳ないという気持ちを伝えなければならないと、過剰にお詫びをしてしまったのです。

電話で謝り、その後、時間をもらって直接謝罪に行きました。

緊張したおももちで、その相手のもとに伺うと、

「石川さん、そこまで過度にやると逆に失礼だよ」

と、反対に注意されてしまったのです。

「一緒に案件を動かしてきたから気持ちはわかるけど、私の中では解決していることだ。今やっていることは逆に、私の時間を奪っているのだよ」

そのときに、私はお詫びしたい気持ちはもちろんありましたが、それと同じくらい相手から嫌われたくない、という思いが少しあることに気がつきました。

いい人を演じるのをやめ、素直になろう

「いい顔をしてまで、なぜ気に入られたいのか？」

と言えば、自分の承認欲求を満たすためでしかないのです。

「人のために何かをする」という信念から、相手にいいことをしてあげるのは、大切

です。しかし、自分の存在意義を確認するためにいい人を演じることには、意味がありません。

私が謝りに行った本当の理由は、実は「自分がすっきりしないから」であった部分があり、すなわち「いい人である」と思われたかったからかもしれません。

過度に「いい人」を演じるのはマイナスに働くことがあり、慇懃無礼《いんぎんぶれい》な態度は人に不快感を与えてしまいます。

誰にでもいい顔をしない、これを新しい習慣にしてみてください。

「別に、人に嫌われても、命までは取られない」

と割り切って日々過ごしてみるのです。

誰にでもいい顔をする人が信用できないことは、考えてみればわかります。

「八方美人」という言葉は、そもそもネガティブな評価なのです。誰からも評価されないのです。

入れる習慣 1

人を招待できる最高のお店を持つ

一流の人はお店選びにこだわっている

人間関係の習慣において、取り入れるべき習慣は「人を招待できるお店を頭に入れておくこと」。私はこれをオススメしています。

人間関係を深めるひとつの方法が、食事をしながら相手と話すことです。そのため、一流の人は、お店の選び方にこだわる人が多い。

そのお店選びにはポイントがあります。

それは、**「自分の声を聞いてくれるお店に、人を招待する」**ということです。

料理が美味しいことは当然ですが、お店の予約を入れるときに、「こういう方と行くので、よろしくお願いします」ということを伝えたら、席や料理などを配慮してくれるお店を選ぶのです。

「○○の方と商談も兼ねた食事にしたい」

と伝えたときに、個室がないお店でも、奥の静かな席をとってくれたり、商談にふさわしい配慮をしてくれたりするお店です。

そう考えると、

「自分が頻繁に通っていて、店員さんとの関係が築けているお店」

「リクエストを聞いてくれ、ちょっとした無理を聞いてくれるお店」

そんなお店を選ぶことになります。

人との会食というのは、関係性を強めたり、仕事をしやすい関係をつくれたりと、重要な仕事のひとつです。ビジネスの相手なら、仕事とは違う顔を見ることもできるので、関係性はより深まります。


また、相手にお店の場所を伝えるときのひと手間を惜しまないようにしましょう。

プライベートでも、ビジネスシーンでも、「○○というお店でご飯を食べましょう」と言うときに、外食サイトに載っているお店のURLを、そのまま送りつけることをしてはいけません。

相手に、そのお店の価格帯や、お店の評価を見せてしまうことになり、食事をする前から、相手の心をモヤモヤさせてしまうのです。

評価が高ければハードルを上げてしまいますし、評価が低いと低いで「こんな店に自分を招待するのか」と、失礼になる場合もあります。自分ではこのお店はいいな、と思っていても、点数が低いお店もあります。

食事を楽しもうと会食の予定を入れたのに、食事をする前に相手の感情に波を起こすのは避けなくてはいけません。

だからこそ、外食サイトに載っているお店のURLを送るのではなく、自分の言葉で「どういったお店で、どんな料理を出してくれるのか」を伝え、「お店の名前と地図（住所）」を送るべきです。


少し脱線しますが、お店でのマナーはできる限りしっかりと守りましょう。

参議院議員選挙の直前に、あるお寿司屋さんに行きました。

そこで、先生と呼ばれる人たちが会合をやっていたのです。きれいなお姉さんを3

人くらいはべらせて、おじさんたち（先生方）がワイワイ騒いでいるのです。そのお店は、個室もありませんし、広くもないので、話が筒抜けでした。

私を含めた周りの人が有権者でもあるという配慮もなく、先生方はとても綺麗とはいえない言葉で話されていました。

どこどこでいくら集まったらこうなるとか、有権者に聞かせるべきではないことを大声で話していたのです。

これで、その方々は、私の1票を失ったわけです。

お店では、最低限のマナーを守り、周りの人に迷惑をかけるべきではありません。

相手が格上であればあるほど、そういった点も見られているという意識を持ってください。

入れる習慣 2

よいお店には、1週間以内にもう一度行く

一流の人が馴染みのお店を持つ理由

会食のお店選びにつながる話ですが、私はよいお店に行ったら、1週間以内にもう一度訪れるようにしています。

お店の人に顔を覚えてもらって、仕事の関係者を連れて行ける、自分のホームグラウンドにして、上質なおもてなしをするためです。

自分が初見でいいお店だな、あの方を連れてくると喜んでいただけそうだな、と感じたら、1週間以内に再度訪れます。

たとえば、一度店に訪れてから1カ月も2カ月も期間をあけて再訪しても、お店の人はまず顔を覚えていてはくれません。

1週間以内に再度来店すると、まず覚えていてくれます。「この間来たときにとても美味しかったのでまた来ました」「この間のネタ、また入っていますか」など、会話も生まれやすくなっていますし、一度目よりも仲のいい関係がつくれる場合が多いのです。

一流の人は、ひいきのお店をどんどん開拓します。テレビで見たのですが、大手出版社の有名な社長も、お店の手札をたくさん持たれていました。

これは、おもてなしするということに対して、どれだけ気を向けられているか、ということにつながります。

1、2店では、すぐに手詰まりしてしまいますので、おもてなしできるお店のカードを増やしていくというのは重要です。

おもてなしをするのなら、自分ひとりより、チームでもてなすほうが当然、おもてなしの質が上がります。チームでもてなすときに、誰をそのメンバーにすることが一番効果的でしょうか。

当然、それは、お店の方々です。

では、どのように、お店の人をチームのメンバーに巻き込めばいいのでしょう?

それは、とにかく会話をして、距離を縮めるしかありません。顔を覚えてもらって、名前を覚えてもらって、そして、自分もお店の人の顔と名前を覚えて、親しい関係をつくっていくのです。

また、ビジネス以外でも、家族や友人をそのお店に連れて行き、頻繁に通う機会をつくって、お店の人との接触回数を増やしていくことです。

お店の人との会話の内容にこだわる必要はありません。他愛もない話でいいのです。たとえば、和食屋さんだったら、私は四国出身なので、「今日は四国の食材とかありますか？」とよく話しかけます。お酒にこだわりのあるお店なら、愛媛の蔵元の名前を出してみたりしています。

できれば、自分のホームにしたいお店があるのなら、短期間で3回行ってみてください。3度行けば、確実に顔も名前も覚えてもらえますし、会話も弾むようになります。

あなたもホームを複数持って、関係を強めたい人に、良質なおもてなしをしましょう。

入れる習慣 3

お金は人より先に出す

与える力を磨く

一流の人ほど、お金の扱い方はスマートなことが多く、食事に行っても知らない間にお会計を済ませてくれていたりします。

「お金は人より先に出す」ことを意識してみてください。

こう考えることで、「与える力」が磨かれます。

お金とは、社会や人に価値を与えた対価です。

誰かに貢献することは、先に自分が何かを提供するということ。

極端に言えば、**「お金がなくても、相手より先に出す」**ことが重要です。

「お金がないからお金を先に出すのはちょっと厳しい」と考えるかもしれません。

しかし、私は「背伸びをしてでも、先にお金を出しなさい」と言いたいと思います。「お金は相手よりも先に自分が出す」という習慣が身についている人ほど、成功しているように感じます。結局、お金は返ってくるものだからです。

ただし、先にお金を出すことによって、失礼にあたるケースもあるので注意が必要です。目上の人や、接待をしていただくケースで、自分がお金を出してしまうと、相手の顔が立ちません。

相手からおごられることも素直に受け入れつつ、次は自分が払う、と決めておくといいでしょう。一見、損するような気分になるかもしれませんが、与える力を磨き、人間の器を大きくしていくには、有効なアクションになります。

入れる習慣 4

ファミリーファースト 家族や友人との約束ほど守る

人間関係の優先順位

人間関係の優先順位においても、何の習慣の箱を持つかが重要です。

よく、お客様を大事にしましょう、と世間一般では言われています。それはそうなのですが、私は「ファミリーファースト」という習慣を持つようにしています。

家族は自分と一番距離が近く、その次に友人や同僚と関係が深くなっていきます。

私は、**近い関係の人を大切にできなければ、その先にいるお客さんを大切にはできない**と考えています。

家族や友人との約束を守れない人が、さらに関係の薄いお客さんとの約束など守れません。

私は、父を早くに亡くしてしまったので、こういう考え方をするようになったのかもしれませんが、まずは家族や友人・同僚を精一杯大事にするべきです。

ファミリーファーストという言葉が浸透していくにしたがって、弊社のスタッフも、お客様やパートナーをより大切にできるようになりました。

以前、約40社ものグループ会社を持つ年商数千億円の経営者の方とお話しする機会がありました。

あるとき、航空会社最大手A社の社長から、会食のお誘いがあったそうです。

しかし、その日には、学生時代の友達との食事の約束も入っていました。

その方は、迷った挙げ句に「社長、すみません。前々から友人との約束が入っていたので、今回は申し訳ありません」と会食のお誘いを断ったそうです。

すると、「その友人との約束に行ってください、また今度」と、気持ちよく対応してくれたとのことです。

人の上に立つような人には、家族や友人を大切にするという、共通した価値観があります。だからこそ、お客さんを大切にすることができ、回り回って、大きな成功をつかむことができているのだと思います。

第3章

一流の自分に変わる「お金の習慣」の箱

一流のお金の習慣、二流のお金の習慣

お金持ちと、貧乏を分けるもの——。

それは、お金への意識の違いです。

お金に対する考え方、使い方、扱い方、関わり方、増減の変化への敏感さ、こういったことに対するほんの少しの「意識」の違いが命運を分けています。

お金持ちになった人は、お金持ちになるための習慣を身につけ、日々行ってきたのです。逆に、貧乏な人は、貧乏になるような習慣を身につけ、それを日々行ってきたのです。

今、満足できる収入ではないけど、生活はできるというレベルの収入の人もいるかもしれません。

しかし、今の習慣を続けていればいいとは思えません。

世の中は、どんどん変化している中で、現状維持を続けるということは、それはすなわち、後退を意味します。

仕事で結果を出して収入を高めることはもちろんですが、収入の使い方、守り方を知らなければ、お金が増えていくことはなく、減る一方になります。

2014年の国税庁の調査によると、日本人の平均収入は415万円となっています。しかし、今やその倍の収入である、年収800万円世帯でも、「隠れ貧困層」と言われているような状況です。中流以上の家庭でも、破綻の危機に瀕しているということです。

そう考えると、いくら収入を上げたとしても、お金の知識といい習慣を身につけなければ、安心して生きてはいけないのです。

ぜひ、お金持ちになった人たちのお金の習慣を身につけつつ、貧乏になる人に共通する習慣を知って、やめていきましょう。

お金持ちと貧乏人の習慣には、ちょっとした違いしかありません。難しいことはありませんので、ぜひ実践してみてください。

捨てる習慣 1

「お金を物として扱う」のを捨てる

財布の選び方で、お金の扱い方がわかる

当然、お金持ちになる人、すでになっている人は、お金を大切にしています。お金を大切にするために、まず一流の人がこだわるのが財布です。

驚くことに、多くのお金持ちには、共通する財布の法則があります。

ここでは、私の周りのお金持ちに共通する財布に関しての法則をお話しします。

『稼ぐ人はなぜ、長財布を使うのか?』(サンマーク出版)という本が、以前ベストセラーになりましたが、実際に、私の周りの一流の人たちも長財布を使っている人が多いと感じています。

逆に、折りたたみの財布を使っている人は、ほとんど見たことがありません。

「財布なんかどうでもいいよ」

もしかすると、こう思われたかもしれません。たしかに、財布選びは一見重要に見えないかもしれませんが、財布を選ぶということだけ見ても、その人が持っている「習慣の箱」の中身が見えてきます。

では、財布でわかる習慣の箱とは何でしょうか？

それは、**「お金自体を大切にする習慣があるかないか」**です。

長財布を使う人に共通する意識が、「お札を曲げたくない」というものです。

「え、そんなこと？」と思うかもしれませんが、お金に対する意識がそれほど違うのです。お金に対する習慣がない人ほど、散財し、浪費をし、お金が多少減ったり、机の下に落ちていたりしても気にしません。

でも、そういった人のところにはお金が集まらないのです。

逆に、成功されている方ほど、お金の大切さを知っています。1銭、1円を大事にし、お金の向きや財布の置き場所を整えています。

それくらいお金を大切にしているのです。

お金を大切な人と同じように扱う

お金の習慣で始めてほしいことは、**「お金を大切な人のように扱う」**習慣です。

ある人になると、お金と親しく接するために「お金を擬人化」しています。

お金自体をまるで大切な人のように扱うことで、お金自体に敬意を払い、愛情が生まれ、お金を使うときに真剣に考えるようになります。極端に言えば、この人（お金）を意味なく他者に渡してはいけない、という意識が生まれます。

この意識が生まれると、お金を価値あることだけに使うようになり、ムダ遣いがなくなっていきます。

こだわりの強い私の友人には、お釣りでもらったお札にしわがあったり、汚れていたりすると、銀行へ行って新札に替えるという人までいます。

この人も、やはりお金を擬人化して、大切にしているのだと思います。

少しこだわりすぎの感じもしますが、若くして数十億円の資産を持つ人なので、参考にしてみるのもいいでしょう。

また、お札の向きも揃えています。これも、お金を大切にしている証拠です。

あなたはお釣りなどをもらったときに、自分の財布に、「いくらお金が入っているのか」を把握していますか？

大抵の人が、「あと○○円、財布に残っている」と明確には答えられないはずです。

お札の向きを揃えるということは、お金の状態に気をつけるということと同時に、○○円のお金が返ってきた、これで財布の中には○○円入っていることになる、という確認作業をしっかりやる、ということにつながります。

この「お札の向きを揃える」が習慣になると、いくらお金を使って、いくら残っているのか、といったことに意識が向き、お金に対する感覚を磨くことができます。

実際、質のいい飲食店などでは、お客様へお札をお返しする際、必ずお札の向きを揃えてお返しします。私が経営する六本木ヒルズのカフェでもそれは徹底しています。

ここからはゲン担ぎの意味も込めてお話ししますが、お札を財布に入れるときに、肖像画が下向きになるように入れてみてください。こうすることで、お金が逃げにくくなるとされています。

次に、財布にお札の並べる順番です。1番手前に1万円札、5千円札、千円札を財布に入れます。人によっては額面の小さいほうを手前にしているかもしれませんが、常に大きい額が目に入ってくるようにすることで、気持ちが少し高まります。

小さなことと感じるかもしれませんが、財布は毎日見るものです。毎回千円札ばかり目にするよりも、常に1万円がある状態を目にしているほうが、気持ちが少し変わってくるのです。

これをやる、やらないは自由です。どういう方法にしろ、金を大切に扱う習慣をつけてみてください。それだけで、お金のめぐりが変わってくるはずです。

捨てる習慣 2

「お金は使わない」思考は捨てる

お金の使い方での一流と二流はどう違う?

お金持ちは、ケチな人が多いというイメージが世間一般にあるかもしれません。

しかし、価値があると認めるものであれば、そこには惜しまずお金を使うのがお金持ちの特徴です。たとえば、価値があると感じたら、数千万円もする絵画をポンと買うことだってあります。

個人資産で100億円持っている人に、「すみません、ちょっと事業をやるので1000万円出資してください」と言ってもなかなか出してくれないのは、ケチなのではなく、その人に投資をする価値がないと判断したからです。

一流の人ほど、お金に対する明確な価値観を持っています。

意味のあることには迷わずお金を注ぎますが、意味のないことには絶対にお金は出しません。

この際、意味のあることと意味のないことの境目は、人それぞれです。一見ケチに見えるお金持ちは、明確なお金の価値観を持っているから、ケチなのです。

ドケチは少し違います。明確な価値観なく、お金をただただ使いたくない人です。

あなたがすべきことは、「何にお金を使い、何にはお金を使わないか」の基準を持つこと。それがお金に対する価値観なのです。

一流は勝負どころでお金を使う

また、「どれだけお金を使えるか」は、成功できるかの分かれ目になります。

事業において、ほとんどお金をかけずに成功させるのは至難の技です。たとえば、何かの商品をリリースする際、「お金がないから、広告費ゼロで成功させよう」という思考では成功を得るのは難しいと言えます。

「勝負するときにはお金を使う」という思考の習慣が必要なのです。

私自身、勝負どころで大きなお金を注ぎ込んだ経験があります。

起業して最初の製品には、3000万円をかけました。今なら、おそらく半額の1500万円ほどで同じことができるとは思いますが、スタートして一発目のプロジェクトだったので、開発にもプロモーションにも勇気を持ってお金をどんどん注ぎ込んだのです。

このときには、ハッピーな結末しか考えていませんでした。

使うと決めたら、「ミスをしたらどうしよう」という迷いを持ちません。価値あることにはお金を注ぐという基準を、自分の中にしっかりと持っているからです。

私の場合は、3000万円のお金を注いだことで、よいほうへと進み、会社は軌道に乗りました。

もちろん、ひとつのプロジェクトだけではリスクが大きいので、サービスをもうひとつ並行して走らせて、キャッシュエンジンも確保していました。

リスクヘッジしながら使うときには思い切って使うことで、人生は切り開かれると、私はこの経験から知ったのです。

捨てる習慣 3

何も考えない投資はしない

生命保険はいらない

現在、世の中の当たり前にある保険は、実はギャンブルから発展したものです。

17世紀頃、輸出入の方法は航路が主でしたが、船の質があまりよくなかった当時、貿易船が頻繁に難破していました。その事故の発生を、船乗りたちが、一方は「船が難破すること」に賭け、一方は「無事に帰ってくること」に賭けたのです。

これは、現代になった今も本質は変わっていません。生命保険は、人が生きている間に掛けるお金（保険会社にとっての収入）と、死亡後に支払うお金（保険会社の支出）のバランスで成り立っています。つまり、生命保険とは、人が毎月掛けるお金の累計より、死亡時に支払うお金が少ないことに賭けるビジネスです。

保険に入る人が少なければ、そのビジネスの収入はリスクがありますが、加入者が多ければ多いほど、収入は劇的に安定します。

保険会社で、倒産した会社の話はあまり聞きませんが、それは仕組みを考えれば当然なのです。

簡単に言ってしまえば、基本的には、保険に加入した人のほうが、損をするのです。

（※わかりやすく保険の仕組みを書いていますが、加入者の人数なども考慮しなければならないので、厳密には正確な説明ではありません）

けれど、「入っておくと安心」ということで、加入している人が非常に多いですし、保険には多くの人がいいイメージを持っています。

先にもお伝えした通り、お金持ちは、価値のあるものにしかお金を払いません。

もし、保険に入るのなら、元々これはギャンブルなんだ、ということを頭に置いた上で判断して、加入するべきです。

保険に入ることに反対はしませんが、しっかり考えて、ワンクッションを置いて、価値があると判断したら入るようにしてください。

最近では保険のＣＭも多くなっていますので、保険への加入は、大人として必須だという刷り込みがなされていると、頭の片隅に置いておいてください。

なぜ、ＣＭが頻繁に流れているのかを考えてみればわかります。

それは、**保険会社が儲かっているから広告が打てる**のです。

儲かっているということは、それなりの仕組みがあるということ。

今では、保険は、本当に必要かどうかではなく、「なんとなく入るもの」になっています。元はギャンブルなのに、お守りのようになっているのです。

「大人なんだから保険くらい入りなさい」

あなたも親からこう言われたことが一度はあるのではないでしょうか。誰もが、保険に加入することを、洗脳に近い形で、刷り込まれています。

いったん、思考をリセットして、本来はギャンブル、賭け事だったという面も知った上で、それでも入っておく必要があると判断したのなら加入するべきです。

考えずに投資をしない。

投資価値があるかどうかを判断して、お金は使うようにしましょう。

捨てる習慣 4

9割負ける勝負はしない

宝くじは買わない

宝くじに当たって悠々自適に生きたい。誰もが一度は、一攫千金を想像したことがあるのではないでしょうか。

日本の宝くじは期待値が5割以下で、世界でもっとも割の悪いギャンブルだと言われています。

ある経済学者は「愚か者に課せられた税金」と呼んでいます。

期待値とは、戻ってくる見込みの金額の平均値のことです。ギャンブルでは還元率ともいわれます。基本的には戻って来くる平均値になるので、回数を重ねれば重ねるほど、期待値に近づきます。つまり、1万円宝くじを購入しても5000円以下しか戻ってこないことを示しています。

ちなみに他のギャンブルでは、競馬が7〜8割、パチンコが8〜9割、カジノは9割強と言われています。

これを知れば、ラッキーでお金を稼ぐよりも、自分自身の力でお金を稼いだほうが、よほど効率がいいことに気づけるはずです。

次に、万が一、宝くじに当たって、億万長者となったとしても、その後幸せになった人は多くはありません。実は、宝くじで大当たりした人の多くは、破産しているというデータもあります。

また、1等当選者の8割の人が、借金漬けの不幸な生活を送っているとも言われており、いきなりお金持ちになることで、周囲の人にお金を無心されたり、遊びや投資で破産したり、借金地獄に陥っているという話もあります。

大金とどうつき合っていけばいいのか、どう使えばいいのか、ということがわからないので、結局お金を減らすような行為を重ねてしまうのです。

お金持ちになる人は、お金持ちになるために頑張った人

実は、これは脳の仕組みから考えると仕方がないことのようです。

人間には自分にとって、心地よい領域があり、それは収入でも同じように快適な領域があるのです。たとえば、親の年収が500万円の子供は、親と同等の年収の生活を心地よく感じるのだそうです。

つまり、年収が500万円の人が、いきなり何億円ものお金を得てしまうと、年収500万円の生活に戻ろうとして、どんどんお金を減らす行動をするのだそうです。

また、宝くじで一攫千金を狙うということは、「私はラッキーでしかお金を手にできない人間です」と宣言しているようなものです。

とにかく、宝くじや遺産、玉の輿など、ラッキーでお金持ちになろうとする思考は捨てたほうがいいでしょう。

お金持ちになっている人は、お金持ちになるために、自分の仕事を頑張った人が大多数だということを忘れてはいけません。

入れる習慣 1

収入の1割を貯蓄に回す

お金は3つに分けられる

お金に関するビジネス書や、ビジネスセミナーでは、よく収入を全部使い切らず、残しなさいと言われます。

収入の1割を残すという話が多いのですが、私自身も、1割程度の金額を残すことには賛成です。

毎月、収入の1割を残し、それを自己投資に使うのもいいですし、新しい経験をするために使うこともいいでしょう。ある程度貯まったお金を、ここぞという勝負どころに注ぎ込むこともいいと思います。よく、投資家などは、毎月収入の1割を貯めて、30万円の種銭ができたときに、株などを始めると言われています。

このお金を残す秘訣は、現状の浪費を見直すことです。

お金には、3つの種類があります。「投資」「消費」「浪費」です。

投資は、使えば自分にリターンのあるお金の使い方なので、いいお金の使い方です。

消費は、光熱費、食費など、どうしても使わざるを得ないお金なので、なかなか節約することができません。

浪費とは、ムダにお金を使うことです。コンビニでついつい必要のないお金を使ってしまう、ギャンブルやお酒にお金を使ってしまうなどです。

そう考えると、カットできるのは、浪費になります。

投資は成長のためのお金の使い方、消費は必要なお金の使い方になるので、ここをカットするのはストレスがかかりますが、浪費は比較的ラクに節約できます。

私の例で言えば、ここ2年は、ムダなモノを買うことを控えるようになりました。

モノよりも経験のほうが重要であり、リターンがあります。モノは欲を満たすことができますが、それ自体には意味がないと気づいたのです。

生活に必要なお金を除けば、リターンのないお金は浪費に過ぎません。

大事なのはリターンがあるかどうかです。お金を使うことで、時間だったり経験だったりの何かが返ってくるか、それを見極める習慣を持ちましょう。

また移動にかかるお金と時間も考える必要があります。

一流の人は、電車を使わず、タクシーに乗り、その中で仕事をすることで非生産的な時間を避ける、というようなこともよく語られます。

しかし、それが自分の価値基準に合わないのなら、マネをする必要はありません。

地方にいながら数十億の個人資産持つある実業家の方は、都内で仕事する際の交通手段は常に電車にしているとおっしゃっていました。

その人の感覚では、タクシーほどムダなお金はないのだそうです。

「数キロ先に行くのに、数千円かける意味がわからない。電車のほうが目的地へ行くまでの時間も圧倒的に早いのに、なぜタクシーを使う必要があるのか」

とおっしゃっていました。

逆に、電車に乗ることによって得られるメリットが2つあるのだそうです。

ひとつ目が、歩く機会が増えるので、健康になるということ。

もうひとつは、電車の中の広告を見たり、乗客の話し声を聞いたりすることで、商人としての感覚が磨かれるのだそうです。

成功者はお金も締めるところは締める

お金に不自由したくなければ、収入の1割を貯めることから始めましょう。

お金がずっと貯まらない人は、収入がないわけではなく「単に貯める習慣がない」のです。お金を貯められない人は年収が高くても貯められません。逆にお金を貯められる人は、ほとんど年収のない学生時代からでも貯蓄ができています。

お金はバケツを水に貯める行為に似ています。バケツの底が抜けていれば、どれだけの量の水がはいってきても、何をしても、水はたまりませんよね。

お金持ちになる最初の一歩は、底の穴を塞ぐことです。もちろん、すべてのお金を貯めるわけにはいきませんから、まずは手取りの1割を貯めてみてください。1割でも貯めていくことで、お金が増えていく実感が持てます。

「お金は減るものでも使うものでもなく、増やせるもの」

この思考を持つことが大切なのです。

入れる習慣 2

お金は価値あるものにどんどん使う

収入の9割は価値あることに使う

「収入の1割を貯めよう」とお話ししましたが、一流の人はそれを貯金に回したら、残りのお金を価値のあることにどんどん使っていきます。

もちろん、ムダ遣いや浪費に回せと言っているわけではありません。

9割は価値あるものに使え、ということです。

お金は、循環するものです。貯めるだけでは自分の元に戻ってきてくれません。金は天下の回りものと言いますが、実際にその通りで、ひとところにとどまることなく、世界中を移動しています。どこかにお金が移動し、集まり、またどこかへ移動していくものです。

このお金の流れを止めてはいけません。

企業が利益を生み出し、それが私たちの給料となり、消費活動をし、それが企業に集まり……といった具合にお金は巡り巡っています。

そう考えると、お金を使わなければ、お金は自分に回ってこないということになります。お金はどんどん使い、その金額と同等の価値を得て、また、お金を生み出すという姿勢を持つことが大切です。

体、家族、会社にいいことに使う

私のお金の使い方は主に3つあります。体にいいこと、家族にいいこと、会社にいいことです。

仕事は体が資本です。体にいいことをすれば、仕事へ力を注ぐエネルギーが生まれます。家族にお金を使えば、家族が幸せになり、自らも喜びを感じ、人生に満足感が生まれます。

会社にいいことをすれば、それは社会に貢献することになります。

それらが、巡り巡ってまた自分の元にお金が戻ってくるのです。

収入の1割のお金を貯めたら、残った分は価値あることに使っていきましょう。個人レベルで言えば、自分の将来の夢のために使うのがいいでしょう。生活費は最低限必要ですが、残りは自分にかけてみましょう。あなたの可能性に投資をする、と考えてみることが大事です。

一流の人ほど、お金＝投資の感覚を持っています。自分が伸ばしたいもの、自分が可能性を感じていることに対しては、しっかりとお金をかけてみましょう。

仮に仕事をして得たお金を何にも使わないのなら、何のためにあなたは働いているのでしょうか。

そんな無味乾燥な人生では、仕事をするのも嫌になっていきます。お金を使って初めて社会から価値を得られますし、使うからこそまた自分の元に戻ってくるのです。

入れる習慣 3

目に見えないエネルギーを大切にする

お賽銭は投資

多くの人が、お正月には初詣に出かけます。これに関しては、神様がいると信じているか、いないかに関係なく、誰もが文化的習慣として行っています。

お参りをする際、お賽銭を投げ込みます。しかし、このときに、ご縁があるからといって5円玉しか賽銭箱に投げ込まないのは、いかがなものかと思います。

少し話がそれるかもしれませんが、ビジネスには正解がありません。正解がないことに、ヒト・モノ・カネを投入し、結果を出すのがビジネスです。

ビジネスは、「正解がないことに賭ける」という行為を繰り返し行い、なんとか成功をつかむということをやっているのです。

これは、神社での賽銭を投げるという行為に似ている、と私は考えています。いるかいないかわからない存在に、お金をかける。叶うか叶わないかわからない行為にお金をかける。こんなことに、多くのお金を注ぐことは、一見ムダなことだと感じる人も多いでしょう。

しかし、正解のない世界にこそ、大きなエネルギーを注ぐ必要があるのです。お賽銭でさえケチるという思考が染みついてしまうと、あらゆる場面でもドケチになってしまいます。

そう考えると、年に1度か2度しか行かない、神社でのお賽銭をケチっていては、ビジネスで成功できないと私は思うのです。

たかだか、5円のお賽銭で、何か意味があるのでしょうか。ビジネスも、大きなエネルギーを投入するからこそ、大きな結果が返ってくるのです。

何事も、小さなエネルギーでは結果は出ません。結果として意味はないかもしれませんが、強いエネルギーを注ぐべきなのです。

たかが賽銭ですが、バカにしていると、ビジネスの世界では生き残れないのです。

入れる習慣

4

物より経験を買う

その経験が一流をつくる

先ほど「収入の1割を貯めたら、どんどん使いなさい」というお話をしました。

では、一流と呼ばれる人は、お金を何に使っているのでしょうか？

実は、成功されている人ほど、お金で経験を買っています。

なぜ、お金で経験を買うのでしょうか。

それは、経験がその人の血肉になっていくと知っているからです。

最近では、高級な物を所有するというひと昔前の「ステータス」がどんどん無意味になってきています。今では高級時計に憧れたり高級車や高級スーツに価値を見出したりする人が少なくなりました。

これは、ここ最近で商品の品質が全体的に底上げされたことで、量販店のもので十分上質になってきているという事情もあります。またインターネットが生まれてから情報格差がなくなって以降、ブランド品もそのほかのものも、あまり品質に差がないことを消費者が知ったからでしょう。

だからこそ、一流の人ほど、経験にお金を使うのです。

経験とは遊びであり、人生そのものを豊かにすることです。

それが能力に転化します。ビジネスにおいて、「おもしろい奴」「普通の人が知らない経験をしている奴」というだけで、評価がまったく変わるのです。

経験は買ってでも手に入れろ

経験はお金を払ってでも手に入れるべきです。

実際、私が強く感じるのは、「一流と呼ばれる人は、娯楽と仕事がとても近い距離にある」ということです。

遊びや趣味が、結果的にその人の血肉となり、自己投資となり、仕事に生かされています。一緒にいておもしろい奴、変人、変わり者、遊びがうまい奴……、そういう人が一流の人には多い気がします。

ある人は、旅行が好きで世界中を旅して回っています。世界中のホテルに宿泊するので、そこで得た内装などのデザインの情報を自分の店舗に生かして、売り上げを伸ばしていました。つまり、旅に出て、見て、触れて、インプットしたものを、アウトプットして、仕事で結果を出されています。

ほかにも、船舶免許を取って、休日に船を操縦する趣味がある人もいます。

そういった人は、ビジネスのパートナーを船でもてなすことで絆を強めています。

優れた人が経験を買っている、ということに気づいてからは、私は自社の商品を販売するという意識を、「経験を販売する」という意識に変えていきました。

先にも述べましたが、弊社の商品自体は健康を得るためのものですが、その先に、弊社の健康食品を食べると、体調がよくなり、若い頃のようにスポーツができる体になる、といった「経験が実現できる商品」を提供するように意識しています。

入れる習慣 5

寝る前にお金の反省会をする

あなたは、自分のお金の変化に敏感か？

あなたは「今日、いくら、どこで何にお金を使ったか」を覚えていますか？

私がこのように質問をすると多くの人が、「いや、なんとなく覚えていますが、正確にはわかりません」と答えます。

無意識にお金を使っているので、数時間前に使ったお金さえ思い出せないことがざらにあります。

一流の人ほど、お金の移動に敏感です。自分が何をどこでいくら使う、ということさえしっかりと意思決定がなされています。そのため、お金を大切にする習慣が磨かれていくのです。

あなたも、自分のお金の変化には敏感になる習慣を身につけましょう。

今日1日過ごした中で、「お金を何に使ったか」を1日1回は振り返るということをやってみてください。

そうすると、「このお金の使い方はよかった」とか、「なぜ、こんなことにお金を使ってしまったのか」という反省ができるようになり、お金への意識が変わっていきます。また自分の意志決定に自覚的になります。

商品やサービスと自分のお金を交換した価値として、同等だった、損をした、ということを、しっかりと確認するのです。

これを習慣にすると、毎日、価値のあることにしかお金を使わなくなっていき、自然とお金が自分の手元に残るようになります。

この振り返りは、毎日行うことが理想です。

特に、寝る前に行うと、次の日には記憶が整理され、いい使い方、悪い使い方が明確になり、いいお金の使い方ができるようになります。

はじめのうちは、お金の流れを記憶することはなかなか難しいかもしれません。

「あれ、なんでこんなにお金が減っているんだろう」

「何に使ったのかわからない」

という日も出てくるかもしれません。

そのときに有効なのが、レシートを捨てないということです。

はじめのうちは、なるべく、お金を払ったらレシートをもらうようにしてください。

このレシートが、あなたのお金の流れをすべて記録してくれているのです。

もちろん、1日のお金の動きを振り返る習慣があるのなら、すべてのレシートを残しておく必要はありません。

ただ、試しに一度、1日のレシートをすべて持っておいて、事実検証してみるのもいいでしょう。

もし本格的にお金の流れを管理してみようとするのであれば、最近だとマネーフォワードなどの家計簿アプリがあるので、それらを活用するのもいいでしょう。

第4章

一流の自分に変わる「言葉と考え方の習慣」の箱

言葉と考え方を変えることが、自分を変える第一歩

自分を変えるには、言葉と考え方を変えることが、一番効果的です。

「いい言葉が、いい人生をつくる」と言われる通り、ポジティブな言葉を使う人がプラス思考の人間になり、ネガティブな言葉を使う人がマイナス思考の人間になります。

また、考え方を変えれば、行動が変わります。

行動が変われば習慣が変わります。

習慣が変われば自分が変わります。

つまり、考え方次第で、あなたは新しい自分をつくることができるのです。

言葉と考え方を変えることは、あなたにとって必要不可欠なことなのです。

一流の人には、一流の言葉があるものです。その人だけが持つ自分なりの言葉を持っています。これは逆も然りで「言葉を持っている人」は一流であるということ。な

ぜなら、言葉を持っているということは、自分の考えを持っている人だからです。どこかで聞いたことのある言葉や話しかできない人は、クリエイティブな思考ができていない人です。一流の人は、試行錯誤や自らが考えて得た気づきから言葉を発するものなのです。

私自身、一流の人に接していく中で、言葉と考え方が変化していき、それにしたがって、仕事の結果がどんどん大きくなっていることを実感しています。

言葉と考え方を変えれば、様々な変化が生まれます。

思考がシンプルになる、仲間が増える、心が強くなる、やり抜く力が高まる……。

一流の人には、使う言葉と考え方に、多くの共通点があります。逆に、なかなか一流にまで上り詰められない人にも、使う言葉と考え方に共通点があります。

言葉と考え方の習慣を変えれば、あなたは今よりも、ひと回りもふた回りも大きく成長できます。ぜひ、この章の中から、ひとつでも実践してみてください。自分が変わったことに気づけるはずです。

捨てる習慣 1

意味のない言葉を捨てる

無意識の口グセが危険な理由

つい何も考えずに、無意識に口走ってしまう言葉は誰にでもあるものです。

その代表例が、

「なるほど」

「とりあえず」

という言葉。多くの人が反射的に多用してしまっています。

この意味のない言葉を使うことからをやめましょう。これがダメな習慣の典型です。

もちろん「なるほど」や「とりあえず」という言葉自体が悪いわけではありません。

有能な経営者でも使うときはあります。

では何が違うのか？

一流の「なるほど」は、その言葉に対する理解を持っています。

二流の「なるほど」は、聞き流す空返事であり、なんとなく使っているだけです。

つまり、相手の話をしっかり聞いていないのです。

大切なのは、**口グセを意識化し、意味を理解して言葉を使うことです。**

何もあらゆる言葉の意味を調べろなどと言っているのではありません。あなたが普段気づいていない無意識の口グセに気づき、意味のない言葉を捨てればいいのです。

同じ言葉であっても、相手が受け取る印象や言葉の重みが変わってきます。


「なるほど」などの言葉を相槌のように頻繁に使いすぎる人は、次第に信用されなくなるかもしれません。相手からすると空返事されているように感じてしまい、「この人は本当に話を聞いているのかな？」と思ってしまう可能性があります。

私自身も「なるほど」を連発する口グセがあった時期があります。しかし、あるとき、人から「なるほどばっかり言ってるけど、今の話を本当に理解した？」と指摘されたことで、この口グセをやめました。

どんな口グセを持っているかは、人それぞれでしょう。

まずは、自分が普段どんな口ぐせを持っているか、洗い出してみましょう。そのためのいい方法は、あなたの身近な人に聞いてみることです。

パートナーや親、親友、同僚など、誰でも構いません。

「俺の口グセって何かある？」

「私って口グセになっている言葉って何かある？」

と聞いてみることです。きっと身近であればあるほど、指摘してくれるはずです。

口グセ置き換え理論

無意識の口グセをやめましょう、と言われても、いざ実行するとなると、難しいかもしれません。

そんなときにオススメなのは「口グセ置き換え理論」です。

たとえば、「なるほど」の連発が無意識の口グセになっていて、それをやめたいと思ったとします。「なるほど」を使いそうになったら、「素晴らしいですね」という言葉を代わりに使うのです。

「素晴らしいですね」と言うと、その後に、〝何が素晴らしいのか〟ということを伝えなければなりませんので、相手の話の内容をしっかりと聞くクセがつきます。

「とりあえず〇〇しましょう」

これも使い勝手がいいので、ついつい口から出てしまいます。

私がオススメする置き換え言葉は、「まず」です。

「とりあえず、これを進めてください」より、「まず、これを進めてください」と表現したほうが、計画性が出て、行動がゴールに向かっているとイメージできます。

自分自身の行動についても、「とりあえず、これをやる」よりも、「まず、これをやる」としたほうが、行動が前向きになります。

「言葉をしっかり選んで発する」は、「自分で行動を選択する」と同義です。

無意味な言葉、無意識の口グセは、なるべく減らして、ちゃんと考えて会話をするようにしましょう。

捨てる習慣 2

抽象的な話をやめる

面白くない人ほど「面白い」を使う

次に捨てるべき言葉の習慣は「抽象的」です。

一流のビジネスパーソンは、具体的な言葉を人に投げかけます。

二流のビジネスパーソンは、頭の中でまとまっていない話をする傾向が多いように感じます。

たとえば、会合やパーティの席で一緒になった人につい、「何か面白いことをやりましょう！」と言ったりします。

これは、**「面白いことが思い浮かばない、面白いことができない人」が使う言葉**だとも言えます。そう言う人ほど、その後相手と連絡を取らない人が多いように感じます。

私もよく「何か面白いことをやりましょうよ」と言われますが、そのときに「たとえば、どんなことですか？」と尋ねても、明確な答えが返ってくることはほとんどありません。そんな人は何も考えていないことが多く、具体案がないのです。

その場限りで、行動に落とし込むことができない、抽象的な話の典型だといえます。

本当に面白いことを考えられる人は、その場で具体的なアイデアを提示します。イメージややりたいことが明確なので、しっかりと言葉にすることができ、そのビジネスアイでも面白い物が多く、一気に盛り上がり、話がどんどん進んでいきます。

この面白いことを考えられる人になるにはどうしたらいいでしょう。

「具体的」を使いこなす

やり方はシンプルです。

「考えてから、話す」

これだけです。何も考えずに、具体策もないまま、話すことをやめるのです。

何かを伝えるときには、具体的にして、相手がイメージできるレベルに落とし込んでから話すよう意識してみましょう。

ここで大事なのは、情報を普段から集めておくことです。具体的であるためには、たくさんの情報を持っていなければいけません。本を読むということではなく、いろんな人と会い、普段知らない話をたくさん聞くことも大切です。

何かいいアイデアが浮かんだり、誰かに何かを提案したり、面白く話したいと思ったら、情報を最低限集め、構想をシンプルに組み立て、具体化してから話すのです。「何かやりたい」と思ったら、いつ、どこで、誰と、何を、どのように、を一度頭で考え、そこを押さえて話すといいでしょう。

もうひとつ、コミュニケーションで具体的に話すために重要なのは、相手を知ることです。相手が興味を持つことを事前に知っていれば、面白い話も、実りある話もできるようになります。

情報を集めて、考えてから、話す。

相手の属性と相手の興味を事前に知ること。

この2つのポイントを押さえておくと、具体的な提案ができるようになるので、会話の内容も充実するのです。

捨てる習慣 3

「話しすぎる自分」を捨てる

優秀な人はやっぱり話さない

『超一流の雑談力』（安田正著・文響社）という本が、ベストセラーになったように、最近では雑談の重要性を多くの人が感じています。

では、雑談力はどうすれば高められるのでしょうか。

まず、雑談力を高めるなどと言う前に、大前提として聞く割合と話す割合が絶妙であることがコミュニケーションをする上では重要です。

よく「聞く8割、話す2割」がよいバランスだと言われます。

以前、私は人と会話をするときに、「聞く5割」「話す5割」を意識していました。

聞く割合が多すぎれば、自分の意見がない人間だという印象を相手に与えてしまうかもしれない、と考えていたからです。

しかし、この割合で会話をしてしまうと、どうしても自分が話すボリュームが多くなってしまいます。

「優秀なセールスマンは聞き上手」だと言われますが、それはその通りで、相手から話を聞かなければ、正しい解は導き出せないのです。

自分の仮説を延々と話し続けても、いい結末に向かうことはありません。よく人の話を聞かずに持論や仮説を延々と話す人がいますが、こういったときに私は「この話は早く止めないと、生産性が下がるな」と感じてしまいます。

たとえば、電話営業でもそうです。一方的に、話をまくしたてていては、結局、「大変申し訳ないんですけれど、うちはもうそれと似たシステムを導入しています」ということになりかねず、自分も相手も時間のムダでしかないのです。

質のいい会話は、相手から話を聞くことで実現されます。また、人は話を聞いてくれる人に好感を持ち、突っ込んだ話をしてくれるという心理的傾向があります。

だからこそ、まずは、聞く8割、話す2割を意識することが、雑談力などと言う前に、大前提として大切なのです。

いい雑談は、雑談の「前」で決まる

では、ここから、私がいい雑談をするために心がけていることをお話ししましょう。

雑談力を高めたいのなら、**事前に相手の情報をしっかりと仕入れておくこと**です。

私自身、雑談は相手の情報を仕入れてから、するように心がけています。

ある経営者と初めてお会いするときに、相手の情報をまったく調べずにその場に行ったことがあります。

後で調べてみると、その方の会社のホームページに、○○県出身、○○大学を卒業、○○が趣味、といった様々な情報がありました。

しかし、私はそういった情報をまったく調べずにぶっつけ本番で、その方と会話を始めたのです。そして、雑談で会話を盛り上げようと、「どちらのご出身ですか」「おいくつですか」などと根掘り葉掘り聞いてしまったのです。

会食の終わりごろになって、私はその方にこう言われました。

「石川君、私は大丈夫だけど、特に君よりも年が上の方と会食をするときには、少し相手のことを調べてから行ったほうがいいよ。

私と今日会話をした中でも、君から聞かれたことはほとんどホームページに載っている。少しでも相手の情報を調べておいて、『〇〇県ご出身なんですね』といった話を投げかけると、相手としては自分に関心があって調べてから来てくれたんだなと、思ってくれるよ。

この場に臨むために、時間をとって準備してきてくれたんだな、ということを感じてもらえると、関係性は強まるものだよ」

雑談が実りあるものになるかどうかは、話し方のテクニックよりも、雑談の前に決まるのだと私は知りました。

事前に時間をとって相手の情報を調べることが、いい雑談をするための秘訣になるのです。

捨てる習慣 4

話し方でテクニックは使わない

テクニックに走るのは二流

有名な話し方のテクニックに「イエスバット法」というものがあります。

「○○なのですね。いいですね。でも□□もいいですよ」といった具合に、相手の意見を一度肯定した上で、自分の意見を述べるのが「イエスバット法」です。相手の話をいったん受け入れてから、こちらの意見を伝えるので、相手に悪い印象を与えにくいと言われています。

しかし、一流はイエスバット法を使いません。**「ムダにイエスと言わない」**のです。

イエスバット法に限らず、二流の人ほど、話し方でテクニックに走ります。

相手を惹きつけたい、自分を魅力的にみせたい、自分のほうが優位に話を進めたい……そういった思いから、話し方や心理術などのテクニックを手に入れたいと思うのかもしれません。

しかし、話し方のテクニックを手に入れたところで、何の意味があるのでしょうか。視点を変えてみればわかるはずです。

あなたはテクニックを使って話してくる相手をどう思いますか？

そういう人と仲良くなったり、信用したり、取引しようと思うでしょうか？

ほとんどの人が、そんな人とつき合うのはイヤなはずです。あなたが話し方でテクニックを使うというのは、そのイヤなことを相手にしてしまっているのです。

所詮はテクニックなんて上っ面でしかありません。テクニックに頼るということは中身がないということと同じ。上っ面だけをいくらそんなものを身につけたところで、結局あなたは変われないのです。

上っ面の下にあるものを手に入れればいいのです。

それが**「本音」で話す**ということ。つまり「ぶっちゃけて話す」のです。「ぶっちゃける」こそが最強です。

一流の人ほど、ムダと誤解をできる限り避けます。

だから結論から話すのです。そうすることで、話の時間を短縮でき、シンプルに真意が伝わります。

ズバッと話の核心を伝え、「ぶっちゃけ」て話すほうが、信用されるし、相手も本音でぶつかってきてくれるのです。

もちろん、なんでもかんでもぶっちゃければいい、というわけではありません。仮に下心があった場合、下心があることをぶっちゃけろと言っているのではありません。

あなたが相手のためにどうしたいと思っているか、あなたが相手に伝えたいことの本質を素直にぶつけてみるのです。

小手先のテクニックで話すのではなく、会話の内容で勝負するのが一流です。

話の結論・本音を述べる↓その結論に至った根拠を述べる

これでいいのです。ここまでシンプルにするからこそ、話はしっかり相手に伝わるのです。

捨てる習慣 5

ネガティブの集合体を捨てる

ツイッターやフェイスブックが当たり前になった今、世の中にはネガティブなものが表出するようになりました。

やれ、「だれが不倫した」「あいつは嘘つきだった」「以前と言っていたことと一貫性がない」といった形で、一億総バッシングの様相を呈してきました。

インターネット上だけでなく、仕事や日常生活において、ネガティブな発言や考え方ばかりする人もたくさんいます。

私はこれらを「ネガティブの集合体」として、嫌忌《けんき》しています。

悪口や陰口、嫌味、批判、非難、嫉妬……など、これらを一つの集合体として考え、それらを自らの思考の中はもちろん、周りからも遠ざけるようにしましょう。

悪口を言わない習慣ではなく、ネガティブの集合体からすべてを遠ざける必要があります。なぜなら、自分の中にネガティブな感情や思考、言葉がなかったとしても、ネガティブ集合体に触れることで、それがあなたを侵食してくるからです。

つまり、ネガティブじゃなかった人も、ツイッターで悪口ばかり読んでいると、人の粗《あら》を探すようになったり、批判めいた言葉を使ってしまったり、ネガティブ感情が宿ってしまうものなのです。

習慣とは恐ろしいもので、そういったものがイヤだなと思っていても、繰り返し情報に触れていると、それが自分のものになってしまうのです。

悪口や陰口を言わないのは当然。

批判、非難も自分の内側から捨てましょう。

やり方は単純。「私はネガティブを捨てる」と心の中で唱えればいいのです。

そして、あなたの周りにいるネガティブ集合体を持つ人、他人に対して悪口や陰口はなるべく逃げるか、遠ざけるようにしましょう。

入れる習慣 1

いい言葉を1日10回以上使う

ポジティブは言葉にしないと意味がない

使う言葉が、その人自身を形づくります。ネガティブな言葉を使えばネガティブな人間に、ポジティブな言葉を使えばポジティブな人間になります。これは、誰もが経験からわかることでしょう。

だから、いい言葉は1日10回は最低でも口に出すべきだと、私は考えています。

私は日々、

「面白い」

「ラッキー」

という言葉を、頻繁に使うように心がけています。

常にポジティブな表現をして、意識的にいい感情を何度も味わうようにしています。私の周りの一流と呼ばれるような人も、ポジティブな表現を多くして、いい感情を味わう習慣を持っていることが多いように感じます。この習慣によってもたらされるものは、非常に大きいのです。

いい感情をいつもキープしていれば、頭の中からネガティブな思考を締め出すことができますし、感情のコントロールもうまくなります。

また、いい言葉は自分だけでなく、周りにもいい影響を与えます。

以前、商談中に、ある会社の会長さんに、社員の方から一本の電話が入りました。その会長さんは、話をしながら、「嬉しいな。ありがとう、君はさすがだね」とおっしゃっていました。それを聞いて、こちらもポジティブな気持ちになりました。なんとなくいいことがあったのだなと感じて、その空間全体がいい空気になったのです。

その後も、その方とお話をしながら、どんな言葉を使っているのか注意深く聞いていると、「嬉しいな」という言葉をよく使っていらっしゃったのです。

このとき私は、いい時間を過ごしたな、としみじみ思いました。

ポジティブな言葉を使うと、周りにもいい影響を与えてくれるのです。

逆も然りで、仕事はできるけど、ポジティブな言葉をまったく使わない人もいます。その人はとにかく部下にきつく当たるのです。「ふざけるな」といったネガティブな言葉ばかり使うので、周りの空気もいつも悪くなっていました。

不機嫌な人の近くには誰も寄りませんし、ご機嫌な人には人が寄ってきます。当然、ネガティブより、ポジティブでいるほうが、仲間も協力者も得られるのです。

言葉は、言霊《ことだま》とも言います。言葉そのものが力を持ち、内外に影響を与えてくれます。この点を意識していると、言葉のパワーが、仕事の結果に結びついていくのです。

ですから、「ラッキーだな」と言っていると、ポジティブなメンタルで物事に向かえますし、「ツイてないな」と言っていれば、やはりそういうネガティブな状態で過ごすことになります。口グセによって、仕事の結果も大きく変わってしまうのです。

入れる習慣

2

声の大きさは空間に合わせる

銀座の一流が集うバーで

私には、よく行く銀座の隠れ家的なバーがあります。そこには、各界の一流どころが集まります。多くの成功者を見てきたそのお店のオーナーバーテンダーさんに、一流の条件を教えていただいたことがあります。

その人によると、一流とそうではない人の違いとは、3つあるそうです。

ひとつ目は、声のボリュームです。

一流の人は、必ずその空間に合わせて声の大きさを調節するのだそうです。

たしかに電車などで、「もう少し小さい声で話してほしいな」「うるさいな」と感じる人がいます。

一流の人は、TPOをしっかりとわきまえているのです。

場の空気感を読まずに、常に大きな声で話す人は、要は虚勢を張っているのだそうです。常に声が大きい人は器量が小さいともおっしゃっていました。


もうひとつは、パーソナルスペースの違いです。

一流の人は、カウンターで肩幅程度を自分のスペースに使います。

これは、相手のパーソナルスペースを侵食しない気遣いです。身振り手振りも自分のスペースで収めますが、となりに相手がいなければ、大きく使うこともあります。

ただし、相手がいれば、自分だけのスペースを使うのです。

二流の人は、気がきかず、となりにほかのお客がいても肩幅より大きく使ってしまいます。

自分のパーソナルスペースを大切にするのはもちろんですが、相手のパーソナルスペースも大切にできるかが、重要なのです。

最後に、話を事実のまま話すということです。

虚勢を張る人ほど、「話を盛る」のだそうです。自分を大きく見せるために、事実に脚色をして話す傾向にあります。

しかし、これは、結果としては自分を小さく見せてしまうことにつながります。

「どこそこの誰それさんとは知り合いで〜」といったように、大物とのつながりがあることを強調するような人は結局、二流なのです。

声の大きさ、話の大げさに共通することは、やはり自然体の自分をさらけ出せないというところにあるように感じます。

一流の人は、常に自然体で、場の雰囲気にふさわしい振る舞いをするのです。

入れる習慣

3

ゼロベース思考

勝ちパターンは、危険信号

成功体験は、いったん捨てる——。

多くの一流の人は、これを実践しています。

成功体験も失敗体験も、すべて仕事の糧になることなので、大切なことではありません。しかし、物事は、すべてが同じ条件下で行われるわけではありません。

多くの人が、仕事の勝ちパターンをお持ちだと思います。

「これは、あのときと似ているパターンだから、この方法を使おう」

「あの人のプロジェクトは、このパターンで成功したから自分も使ってみよう」

こう考えることは誰にでもあるでしょう。

しかし、あなたにとって使えることでも、ほかの人がやってみるとうまくいかない、ということはざらにあります。また、あの時代では効果的な施策だったけど、今の時代は使えないということもあるでしょう。

成功体験にしがみつくと、ほとんどいいことはありません。

過去にうまくいったこと、ほかの人がやってうまくいったことは一度捨てて、ゼロベースで考える習慣を身につけましょう。

成功体験や、成功エピソードを教えてもらったとしても、物事に対しては、常にゼロベースで向かい、一から積み上げていく、組み立てていく意識が必要です。

時代の変化が速い現代では、成功体験に引っ張られてしまうと、逆に失敗してしまうということも多くなります。

いつもゼロベースで考えよう

仕事をしている上で、すべての要素、条件、環境がまったく同じということはありません。

似たような状況下であったとしても、何かしらの要素に違いがあります。

だからこそ、物事にとりかかるときには、頭の中を常にまっさらな状態にして、ゼロベースで向かうことが重要です。

常に初心に立ち返って、物事にあたる。仕事でキャリアを重ねていくと、仕事のコツをつかみ、勝利のパターンで物事を処理していくようになってしまいます。

しかし、変化がなければ、現状維持しかありません。時代の流れが速い今では、現状維持は後退だと言えます。

「これは、あのときのパターンだ」と思ったら、危険信号です。

常に、前向きな危機感を持ち、「何かいつもと違う点はないか」と自問自答する習慣を持ちましょう。

入れる習慣 4

お礼とお詫びはすぐに出す

一流の人はお礼とお詫びも早い

「ありがとう」と「ごめんなさい」。これは、プライベートでも、ビジネスシーンでも、すぐに伝えるべきメッセージです。

実際に、一流の人ほど、お礼とお詫びのスピードが早いと実感しています。家族だろうが、友人だろうが、スタッフだろうが、いいことをしてもらったら、すぐに「ありがとう」という言葉で感謝を表現します。間違ったことをしたら、すぐに「ごめんなさい」「申し訳ありません」とお詫びの気持ちを伝えます。

スピード感のある一流のお礼を表現しているお話があります。

ある方が、初対面の方との打ち合わせを夕方に行ったそうです。相手は、夜近くに帰られたそうですが、驚いたことに、翌朝、感謝の気持ちが書かれた封書が会社に届いていたのだそうです。

夜近くに商談が終わって、お礼の手紙を郵便ポストに入れても、翌朝会社に届くことはありません。ということは、相手は商談が終わってから封書を書き、それを会社のポストに自ら投函したということです。

これはさらにスピード感のあるお礼です。これを聞いて、私はなんて素晴らしいお礼の技術なんだ、と感じました。

そのひと手間があなたを変える

お礼の仕方によって、相手に好印象を持つことはよくあります。私が直接されて、素晴らしいお礼だな、と感じた話もしましょう。

ある会社に、お菓子を持って訪問し、商談をしました。大体の人は、「お菓子までお持ちいただき、ありがとうございました」とお礼をすませます。

しかし、その会社の社長さんは、そのお菓子についてお調べになって、感想をつけてお礼のメッセージをくださったのです。

「すごく歴史のあるお菓子メーカーのおまんじゅうなのですね。しかも、歌舞伎座仕様の限定パッケージという貴重なものをいただき、ありがとうございました」

お菓子は、愛媛県の有名なおまんじゅうだったのですが、ただのお礼ではなく、感想をつけてくれるというひと工夫に、私は好感を持ちました。

仕事だけでなく、人間としても自分を高めていきたいと考えているなら、お礼とお詫びは大切にしましょう。この習慣が、あなたを変えます。

小さなひと手間が、相手に与える力は大きいのです。その小さなひと手間こそが、あなたのあり方を変える鍵になります。これはお礼とお詫びに限りませんが、まずはここから始めてみてください。

入れる習慣 5

面白さを優先する

正しいか正しくないかよりも、面白いかが大事

仕事をしている限り、人は多くの選択を迫られます。

もし、選択に迷ったら、「面白そうだな」と思えるほうを選んでみましょう。

たとえば、Aという企画とBという企画があったとします。どちらがヒットするかわからないときには、「より面白い」と自分が感じたほうを採用するのです。

実際にこういう選択を迫られたとき、私は常にこの視点で決定してきました。

商品Aのほうが売れる確率が少しは高いかもしれないけれど、商品Bのほうが面白そう、というときには、手堅さよりも面白さを優先して採用してきました。

面白さで決めたときには、発想が広がるというメリットもあります。

意思決定のキーワードを変えてみる

意思決定をするときに、ほかにも自分なりの基準を持っておきましょう。

もう少し突っ込んだお話をすると、面白さからもう少しレベルの高いキーワードにするのもいいでしょう。たとえば、「心地よい驚き」にするとまた、仕事の結果は大きく変わります。

「心地よい驚きを、世界へ。」

というのが私の会社の企業理念なのですが、心地よい驚きとは、「思わず人に伝えたくなるような、ポジティブな驚き」と定義しています。

たとえば、大ヒットしている消せるボールペンも、心地よい驚きがあったからこそ、人気が爆発したのだと思います。

人が話したくなるような面白さや、驚きがあるということは、物質的な価値を超えた経験を提供できます。

一流になりたいのなら、持っておくべき選択の技術です。

私が開発する商品には、常に「心地よい驚き」の要素が入るようにしています。

たとえば、ノカレという商品シリーズで最初に出した商品は、加齢臭の対策商品でした。

「加齢臭って、どこから出ているか知ってる？」

という質問をしたときに、多くの人は耳の裏という回答をしました。

しかし、当時、耳の裏をケアする化粧品は市場にまったくありませんでした。そこで、私は耳の裏をケアするデオドラントをつくり、発売したのです。

すると、大手の会社も追随する商品を出し始めました。

似たような商品が大量に発売されたことで、私の開発した商品は間違っていなかった、と実感することができました。

「自分の基準」を持っていると選択する際に迷わなくなります。それはそのままブレない自分にもつながるのです。面白さ、心地よい驚き、だけでなく自分なりの意思決定のキーワードを持っておきましょう。

入れる習慣 6

万事塞翁が馬

結果をみて予想をしない

その昔、中国の北のほうに老人が住んでいました。あるとき、その老人の馬が逃げてしまいました。老人が住む地域の馬はいい馬が多く、高く売れるので、近くに住む人々は気の毒がって老人をなぐさめました。ところが、老人は残念がっているそぶりもなく言いました。

「このことが幸福にならないとも限らない」

しばらく経ったある日、なんと逃げ出した馬が馬をたくさん連れて帰ってきました。

そこで、近所の人たちが祝福に行くと、老人は首を振って言いました。

「このことが災いにならないとも限らない」

しばらくすると、老人の息子がその馬から落ちて足の骨を折ってしまいました。

近所の人たちがなぐさめに行くと、老人は平然と言いました。


「このことが幸福にならないとも限らない」


それから1年が経ったころ、異民族たちが襲撃してきました。この辺りの若者はすべて戦いに行き、多くはその戦争で死んでしまいました。

しかし、老人の息子は足を負傷していたので、戦いに行かずに済み、無事でした。


この話は、「人間万事塞翁が馬」という諺《ことわざ》の元となった話です。「幸せや不幸は予想のしようがない」という意味です。私は、常にこの諺を言い聞かせています。

どんな物事でも、一喜一憂しないことです。

もし、思うような結果が出なかったとしても、次にはいい結果が出せるかもしれません。それはわからないのです。仮に一生懸命やったのに結果が出せなかったとしても、実はそれが、次の成功への布石になっていたということも多々あります。

一流の人は、どんな結果であろうが受け入れ、そして次の戦いに備えるのです。

入れる習慣 7

大概のことはなんとかなる

なんとかなるの思考習慣で、なんとかなる

世の中に、なんともならないことは、あまりありません。大体のことは、なんとかなるものです。

私自身、大量の仕事を抱えても、締め切りまでの期間がごく短くても、なんとかやり切ってきました。

これは、私の能力が高いからではありません。誰もが、極限の状態になれば、やってのける力があるのです。

私は新卒で勤めた会社に入って間もなく、大手消費財メーカーのブランドラインのフルリニューアルの担当チームに入りました。商品点数にするとなんと50点以上。

その商品のパッケージをすべて変えて、さらに、販促物もすべて変えなければなりませんでした。

新入社員の私は、こんな大量の仕事は期限以内に納品できないと思っていました。

私は心配になって、先輩に納期を延ばしたほうがいいのではないかと相談しました。

しかし、先輩は涼しい顔で、「大変だけれど、なんとかなるんだよね。見ていてごらん」と言いました。

結局、このチームは納期に間に合わせて納品したのです。

これ以降、どんな不可能そうなことでも、大体のことは追い詰められればやれるんだ、と自信を持てるようになりました。

「なんとかならないかも」という不安は心を支配して、「どうしよう」と迷う時間を増やすだけです。「なんとかなる」と腹をくくれば、後は動くしかありません。

「なんとかなる」という気持ちを持つか持たないかで、仕事へ向かうエネルギーも変わってくるのです。どんと構えて、仕事に向かいましょう。

第5章

一流の自分に変わる「心の習慣」の箱

パフォーマンスは心に大きな影響を受ける

一流の人は、心の状態に気をつけています。

仕事のパフォーマンスは、心の状態に大きく左右されます。

パフォーマンスとは、「何をするか」ということと、それを「どんな心の状態で行うか」ということから成り立っています。

優秀な人ほど、スキルの習得や、ノウハウの収集に意識が向かいますが、パフォーマンスを最大化するときには、それらはもう介入する余地がありません。

あなたがサッカー選手になり、試合に臨むとイメージしてみてください。

試合の最中に、スキルを高めよう、ノウハウを集めて生かそう、と考えても意味がありません。

物事に挑むときには、やはり心の状態こそが重要になるのです。

仕事では、やることは決まっています。だから、どんな心の状態で行うのか、ということ以外にはコントロールできることはありません。

つまり、物事に向かうときに、一番重要なのが心です。

そこでこの章では、「捨てるべき心の習慣と手に入れるべき習慣」をご紹介します。

心が乱れていれば、高いパフォーマンスは発揮できません。

最高のパフォーマンスは、ありのままの自然体、つまり、平常心のときに発揮されます。だからこそ、心の波の振れ幅を小さくするための秘訣を知ってください。

繰り返しますが、仕事で結果を出す人は、心の状態を大切にします。調子が悪いときは悪いなりに結果を出す、調子がいいときには最高の結果を出すのです。

結果は大きく心の状態に左右されると肝に銘じ、自然体で、平常心を保つ習慣を持ちましょう。

捨てる習慣

1

不安や心配事ばかり考えない

96%の不安は幻想

人間は、未来を想像し、予測する、という優れた能力を持っています。リスクを回避するためには、この能力は役に立ちます。

しかし、未来の予測にとらわれすぎるのもよくありません。なぜなら、余計な不安や心配事に心がとらわれ、行動できなくなってしまうからです。その結果、心の病にかかる人もいるでしょう。

ミシガン大学の研究チームが行った調査結果では、不安や心配事の80%は結局起こらないのだそうです。しかも、起きる可能性のある不安や心配事の20%のうちの80%は、準備さえしておけば、解決できることばかりなのだそうです。

つまり、**「96％の不安や心配事は気にしなくていい」**のです。

私は、経営者という立場なので、よく相談されることがあります。

「○○が不安です」といった、将来起こったらどうしようという悩みを相談されるのですが、そのときに私はこう質問します。

「その悩みはさておき、3カ月前は何に悩んでいた？　そのことについて、今も悩んでいる？」

こう聞くと、多くの人は、悩んでいないと答えます。

ミシガン大学の結果を聞くまでもなく、実体験から私たちは、心配事のほとんどは、起こらないと知っているはずです。ですから、今、心配事を抱えていたとしても、それは自分が勝手につくり出した妄想でしかない、と気づいてください。

石橋は一気に渡ればいい

「走りながら考えろ」とはよく言われます。何も考えずに走り続けていてはいけませんが、行動なくして結果は得られません。

「考えすぎて動けない」という状況に陥ってしまえば、いくらあなたの能力が高くても、優れた人であっても、何事も成し遂げられません。

リスクを計算しすぎて動けない人は、ミシガン大学の研究結果を思い出し、動いてみてください。

「石橋を叩いて渡る」という諺がありますが、石橋は叩きすぎると、壊れてしまい渡れなくなるのです。

まずは前進してみる。道を進んでいると、要所要所で押えなくてはいけないポイントが訪れます。そのときに、モレやズレを修正していけばいいだけなのです。

まずは、動き出さなくては、人生になんの変化も起こりません。

心配事などに心を煩わせることなく、まずは動いてみてください。

捨てる習慣 2

老後の心配を捨てる

数十年後の人生を心配するのなら、今に全力を注ぐ

先の心配事の項目に関連して、最近、私が話を聞いて驚くことがあります。

それは、多くの人が「老後の生活」について心配しているということです。40代、50代の人が心配するのは理解できますが、20代、30代までもが心配しているのだそうです。

65歳で定年退職したとして、その後にざっと、

25万円×12カ月×15年＝4500万円

のお金がかかります。ある調査によると、ゆとりある老後を夫婦で送るための生活費は、月に36万6000円かかると言われています。

そう考えると、

36万6000円×12カ月×15年＝6588万円

のお金が必要だということです。

平均年収が400万円ほどで、退職金も期待できない時代なのに、この額を貯めることができるのでしょうか。しかも年金もあてにできません。

そう考えると、やるべきことは、コツコツお金を貯めるより、より大きな収入を得られる人になることです。

老後という数十年後の人生を心配するのなら、今に全力を注ぐべきだということです。

そもそも、貯金するために仕事をする人生など価値がありません。

そんなことをするくらいなら、仕事に懸命に取り組んで一流の能力を身につけたり、自分に投資したりして、どんな状況でも生き抜けるサバイバル能力を身につけたほうが、はるかに意味があるのではないでしょうか。

わからない未来に期待せず、今に結果を求めよう

数十年後の世界を確実に予測できる人間など、この世にはいません。天才だろうが、支配者層であろうが不可能です。

日本は世界的に見るとまだ経済が安定している国かもしれませんが、将来、絶対にデフォルトしないとは誰にも言い切れないでしょう。

5年先、10年先を予想して動けなどと言われますが、そんなことは誰にもできないのです。予想できるとしたら、せいぜい1年先くらいまで。その先の予想はおそらく大きく外れるので、そもそも考えても意味がありません。

企業では、10年先の長期予算を立てたりしますが、どう考えてもナンセンスです。その証拠に、そういった予算を考えても、結局、企業は毎年大きく修正、訂正を行います。

私は、1年後が長期、6カ月後が中期、3カ月後が短期、と考えています。それが繰り返されて、未来がつくられていくイメージを持ったほうがいいでしょう。

未来を見ているような人もいますが、実は見ていません。

それは、ひと昔前の考え方で、「○○歳くらいになったら、おそらく○○万円の収入になれる」ということが読めた時代の話です。

今では、その当時とは時代が違います。年功序列も終身雇用もありませんし、仕事をただこなしているだけでは年収も上がらない時代です。私たちの時代は、70歳でもおそらく現役なのです。

イメージをするのは、1年先までにしておいてください。

わからない未来に期待せず、今に結果を求めましょう。

社会の状況も、人の考えも、そのときそのときの状況で変わってしまうものです。

将来を心配するくらいなら、今を精一杯やる、という習慣を持ちましょう。

捨てる習慣 3

モチベーションをコントロールしようとしない

モチベーションが下がっていても、仕事の質は落とさない

「モチベーション」という言葉がある時期からビジネスシーンや、スポーツの現場でよく使われるようになりました。

モチベーションをコントロールしろ、と世間一般で言われているので、それを鵜呑みにしている人が多すぎます。

しかし私は、モチベーションはコントロールできるものではないと考えています。

多くの著名人がモチベーション管理の大切さを説いている中で、ZOZOTOWNの前澤社長の記事を読んだときに、私は非常に納得しました。

前澤社長は、「仕事をしたくないときもある。会社に行きたくないときもある。その

ほうがよっぽど人間らしい」といった内容のお話をされていました。

人間だから、アップダウンは必ずあります。

一流のスポーツ選手だって絶好調のときもあれば、絶不調のときだってありますし、長いスランプになることだってあるでしょう。

私たちも同じです。**モチベーションをコントロールしようとするよりも、悪いなりにどうするか、**を考えたほうが得策です。

毎日モチベーションを高く引き上げる、管理することを考えるより、モチベーションが低い、やる気が出ないときをどうしのぐか、その策を持つべきです。

たとえば、嫌なことがあった次の日や体調が悪い日というのは、どうしてもモチベーションは下がりますし、心のコントロールが難しくなります。

そういったときには、「〇〇という作業系の業務を行う」など、モチベーションが低くてもパフォーマンスの質を下げない「対策」を決めておくことです。

モチベーションが下がっていても、業務の質は落とさない。

そのための秘策を、あなたなりにひとつ持っておくといいでしょう。

捨てる習慣 4

絶対に怒らない

一流の人ほど怒りのコントロールがうまい

喜怒哀楽から「怒」を捨てる。

「怒りというエネルギーほど、ムダなエネルギーはない」

これは、私が尊敬する師から教えていただいた教訓です。商談でも、交渉でも、怒ったほうが不利な状況に追い込まれ、結果として勝負に負けてしまうのだそうです。

自分を見失い、感情に左右されて突き進むと、いい仕事はできないということです。

「怒りに任せて」物事を行っても、何事もいい方向には進みません。

怒りは、エネルギーを大きく消費しますが、得るものは非常に少ないのです。つまり、怒ることは、非生産的なエネルギーの使い方だと言えます。

これは、同僚関係でも、部下と上司の関係でも、取引先との関係でも、夫婦や恋人間でも、友人の間でも、そうです。

たとえば、２０１２年、当時史上最年少の25歳で東証一部上場を果たしたリブセンスの村上太一社長などを代表に、成功者の多くは「怒らない」というルールを決め、それを習慣にしています。

怒りをコントロールするコツ

私もそれを見習い、「怒らないこと」を基本方針として、日常を過ごしています。

私が実践している「怒らないコツ」が2つありますので、ここでご紹介しましょう。

ひとつ目は、怒りが湧き上がったら、「嘘、嘘」と自分に語りかける方法です。

怒ってしまいそうになったら、「嘘、嘘」と心の中で繰り返し、「この感情は嘘だ」と自分に言い聞かせるのです。

人の感情は長くてもピークが6秒だと言われています。この6秒を乗り切れば、感情に任せた最悪なアクションをせずにすみます。

怒りそうになったら、6秒間ほど「嘘、嘘」と心の中でつぶやいてみてください。

「怒り」の元となる考え方のひとつに「してやってる理論」というものがあります。

「こんなにしてやったのに、あいつは……」

「ずっと世話してあげたのに、あの野郎……」

といった具合に、自分が相手に与えてあげたのに、相手から返してもらえないと怒りの感情が湧いてきます。先に書いた「返報性」の心理と同じ。これが「してやってる理論」です。

この怒りは、意識の持ちようで捨てられます。その意識は次のようなものです。

「してもらったことは忘れず、してあげたことは忘れる」

相手からしてもらったことは忘れてはいけません。でも、自分が相手にしたことは忘れていいし、返ってこないものと考えておけば、いちいち怒らなくなります。

弊社の営業スタッフにも、怒ったほうが負けだよ、とよくアドバイスしています。

「怒る」とは、非常に効率の悪いエネルギーの使い方であり、失敗の原因なので、しっかり対策を持ち、仕事に向かいましょう。

捨てる習慣 5

相手を信用したとしても、信頼はしない

自己責任で相手を信じる

経営者、幹部、管理職、一般社員……すべての働く人に共通する、ビジネスの鉄則があります。それが、

「人は、信用しても、信頼はしない」

ということです。

一流になる秘訣は、「人を頼りにするのではなく、頼られる人になる」こと。

信頼するとは、「あなたを、頼りにしています」ということであり、「あなたに任せますから、頑張ってください」という意味になります。

つまり、「あなたの責任でやってください」という甘えが見え隠れします。

信頼するということは、頼ることなので、結果という綱を自分から手放してしまっている状態だと言えます。

仕事がうまくいかなかったり、失敗したりしても、自分ではなく他人のせいだというとになってしまう。それでは、仕事への真剣さの度合いが下がってしまいます。

逆に、信用するということは、「あなたを信じていますので、一緒に事を成し遂げましょう」という意味になります。

つまり、自分の責任の範疇で、相手を信じて、用いさせていただくということです。

仕事の結果はどうなっても、自分の責任ということになりますので、仕事に対する覚悟が芽生えます。さらに、自分の力と相手の力を合わせながら仕事ができるので、より大きな結果が出せます。

「自己責任で、相手を信じる」

この覚悟があれば、万が一、人から裏切られても、大きく失敗することはありませんし、結果をなんとか拾うことができるようになっていきます。

捨てる習慣 6

続けられない自分を責めない

自分の評価を下げることが問題

本書は、習慣をテーマにしていますので「物事を続けること」もひとつの狙いになります。

とは言っても、なかなか物事を続けられないのが人間です。人間は、心や体が疲れたり、同じことを繰り返したりして、刺激がなくなると、続けられなくなるので、仕方がないとも言えます。

また、あなたが、本書のような習慣について書かれている本を読んでいるということは、どちらかというと続けられないタイプの人なのかもしれません。

しかし、もし続けられなかったとしても、

「続ける才能がない」

「サボりグセが治らない」

「ダメ人間だ」

と、自分を卑下《ひげ》する必要はありません。逆に、「人間なのだから、続けられなくてもいいじゃん！」くらいの気持ちでいてください。続けられないことよりも気にするべきことは、続けられなかったときに、「続けられない自分を責めること」です。

「自分はダメ人間だ」という考えに陥って、自己評価を下げることこそ問題なのです。

失敗してもリスタートすればいい

3日坊主で、3日しか続けられなかったとしても、3日は続けられたのです。1日休んだとしても、5日目からまた、3日坊主を続ければいいだけです。3日続けて1日休む、を繰り返せばいいだけなのです。

こうすれば、どんどん勝ちグセがついていき、習慣は定着していきます。

続けられないこと自体が悪いのではなく、そこであきらめてしまうことが問題なのです。続けられないことより、完全にやめてしまうことが問題です。

一流の人だろうが、凡人だろうが、人間の脳は同じようなつくりになっています。人間の生体リズムには、3・5日リズムというものがあり、私たちの脳は3・5日ごとに刺激に慣れ、新しい刺激を求めます。

そして、約3週間を続けられると、習慣化されるといわれています。

こういった脳の仕組みがある限り、習慣化されるまではどんな人であっても、サボったり、続かなかったりするものです。

ここで大切なのは「自分を責める」という習慣を捨てることです。

習慣化につまずき、続けられない日が出てきたのなら、

「また次の日からリスタートする」

それだけでいい。何も難しく考える必要はありません。自分を責めることにも意味がありません。誰だって続かないのですから、何度でもリスタートすればいい。

「続かないから自分を責める」

この習慣は捨ててしまいましょう。

入れる習慣 1

成功や幸せの基準は自分で決める

成功者に憧れても、幸せは自分で決める

「なぜ、人は挫折してしまうのか」

私はこの原因を長年考えてきましたが、ひとつの結論に達することができました。

挫折してしまう原因は、**成功や幸せが「自分のものさし」ではなく、「他人のものさし」で決められているから**です。

多くの人は、「こういう人が成功者」「こういう人は幸せな人」といったように、今まで見聞き、経験したことから、知らず知らずのうちに「成功、幸せ像」をつくり上げてしまっています。こうなってしまうと、挫折しやすくなり、物事を達成することはできなくなってしまうのです。

自分の経験や価値観ではなく、他人の情報をもとにつくられている「成功、幸せ像」を達成しようとすると、なかなか自分の内面からエネルギーを生み出していくことができないのです。

幸せの定義を決めてみよう

成功や幸せの基準、価値観というのは、人それぞれ違います。まずは、そこに気づかなければ、成功も、幸せも手にできません。

私は出身地の愛媛で人生の前半を過ごし、その後、東京で過ごしてきました。

たとえば、東京に来て知り合った、起業家や事業家は、株式上場（ＩＰＯ）や、大きな利益を生むＭ＆Ａ、いかに事業を大きくするか、価値ある商品、サービスを社会に提供するということが、成功や幸せの定義になっています。

かたや愛媛時代の知人は、近所の人々でそれぞれ素材を持ち寄ってホームパーティーをするなど、和気あいあいとした日常を過ごしていますが、とても充実しており、これも成功なのではないかと感じます。

つまり、成功や幸せというのは、人を見てどうこうとか、これまで見聞きしたものではなく、自分で考えて定義する必要があるのです。

自分の内面から生まれた「成功、幸せ像」を持つ人は、人と自分を比べることがないので、挫折という概念から解き放たれます。

あなたには、「成功、幸せ像」が明確にありますか？

定義するのは難しいのですが、参考までに私の成功と幸せをご紹介しておきます。

今の私の目先の成功は、株主へ利益を還元することです。

さらに、大きな成功を言えば、より多くの利益を還元するために、お客さんに価値を提供して、ファンをつくり、より多くの価値を提供できる状態をつくることです。

そうするためにＩＰＯやＭ＆Ａも必要になってくるかもしれません。

大切なのは、満足できる生き様を自分で選び、追求していることです。それにつながる、成功や幸せをつかむために動いているのです。

入れる習慣

2

常にBクラス理論を使う

プロ野球では、Aクラス、Bクラスといった具合にランク分けが行われます。セ・パ交流戦の順位では、上位がAクラス、中位がBクラス、9位以下をCクラスと示します。

私は常に、「自分はBクラス」とポジショニングすることを意識しています。

Aクラスでは、永遠に上位でいなければならないというプレッシャーにさらされます。Cクラスでは、自分には能力がないと認めているようなものなので、自分の評価を落としてしまいます。

上を目指しつつ、下には落ちていない、という状況が一番メンタル的にいいのです。

Bクラスに身を置くことを目指す理由は、常にチャレンジ精神を保ちつつ、程よいメンタルの状態をキープするためです。

自分を常にBクラスと定義することは、心の習慣のあり方として、非常に重要です。「俺はすごい！」と勘違いするのではなく、仕事がうまくいっているとしても、「調子がいいけど、まだまだ上がある」と考えられるようになります。「今はまだ2軍だ。でも、必ず1軍に上がるぞ」といった具合に、常におごらず、くさらずにいられます。「Cには落ちない。でも、Aにはまだまだだ」という心の持ち方が、一番自分を安定させます。

一流の人を見ても、すべての人が謙虚さを持っています。

「常におごらず、くさらず」のBクラスにポジションを取るコツがあります。それは、**「この人は素晴らしいな思う人の情報を常日頃から仕入れること」**です。

常にブログやSNS、雑誌、本などで、一流の人の情報に触れていると、「俺もくさっていられない、まだまだ頑張ろう！」と純粋に思えるようになります。

優秀な人の情報を仕入れることで、Bクラスをキープすることを心がけましょう。

頑張っていれば、当然ステージは上がっていきます。しかし、そのステージに行くと、さらに上のステージが見えてきます。この繰り返しをコツコツ行い、積み重ねる人こそ、結果を生み出せるのです。

入れる習慣 3

今を100%楽しむ

今を楽しめる人は、ずっと楽しい人生になる

人生とは、「今の積み重ね」で形づくられます。

未来や過去にとらわれたりせず、今を生きることが大切です。今を大切にする重要性は誰もがわかっているのですが、人間なので気が滅入ったり、内にこもったりということもあります。

そういったときには、「今を頑張る、大切にする」ではなく、「今を100%楽しむ」と考えてみてください。

頑張ろう、努力しよう、苦しいけど我慢しよう、などと考える人は、「それを乗り切ったときに楽しいことがある」と考えています。しかし、それは間違いです。人は今

を積み重ね、それを続けてしまうのです。だから、苦しいけど我慢しようという人はずっとそれが続いてしまうのです。

一方、今を100%楽しもうという人は、今を積み重ね続け、ずっと楽しい日々になり、それが人生になるのです。

苦しいときでも、楽しむ工夫をする

一流のスポーツ選手を見ていると、うまく結果をコントロールする秘策を持っているな、と感心します。悪いときは悪いときなりに、結果を出す技を持っているからです。

たとえば、巨人軍のピッチャーだった桑田真澄さんは、調子が悪くても、悪いなりに結果を出していました。それが可能だった理由は、秘策を持っていたからです。年を取って球速が落ちたときには、変化球を使い、微妙に投球計画を調整し、悪いなりに結果を出していました。

苦しいときでも、変化をつけて、投球を楽しんでいたのではないかと思います。

仕事も、悪いときは悪いときなりに楽しむ方法を持ってください。

「仕事の結果はなかなか出ていなくて辛いけど、仕事のスピードを速めてみよう」

「新しいアイデアは浮かばないけど、今あるアイデアを、角度を変えて見てみよう」

こういった具合に、ゲーム感覚を取り入れて仕事を進めてみると、新しい刺激となって、仕事を楽しむことができるようになってきます。

今を頑張るのではなく、今を楽しむ。なかなか調子が上がらないときに、仕事に刺激を与え、楽しむのです。

余談ですが、私が新入社員として、会社に入って間もない頃、共用スペースの掃除を申し付けられました。もちろん、掃除も仕事のひとつではあるのですが、やる気は起きません。

そこで私は、「同僚が10分かかっている掃除を、自分は4分で終わらせる」と決めて、ゲーム感覚で掃除を楽しむことにしました。また、共用スペースの物の配置を変えて、模様替えをしたりもしました。

楽しめないと思ったら、ゲーム感覚を取り入れてでもいいので、楽しいものに変えてみましょう。その小さな意識が、人生そのものを楽しいものに変えるのです。

第6章

一流の自分に変わる「健康の習慣」の箱

自分を変えたいなら、健康管理をおこたるな

私の周りの一流の人は、例外なく、健康に気をつけています。

それは、私も例外ではなく、健康第一と考えています。

私が健康面に気を使う理由は、健康に関するビジネスが本業だからということもありますが、健康に気をつけていた父が、短命だったからです。

私は父の死によって、健康には気を使っても使いすぎることはないのだな、と考えるようになりました。

ユニクロの柳井会長も、健康のために四股を踏んでストレッチをするというのが、お風呂に入る前の習慣だそうです。

ベネッセの原田前社長もランニングを続けているそうです。

松井証券の松井社長は、社長室に筋トレのマシンを置いています。それどころか、

ランニングマシンまであるそうです。

一流の人ほど、健康に気を使っている――。

この理由は、体の健康が仕事でのハイパフォーマンスを実現する、とわかっているからです。

重要なので繰り返しますが、人生は「体が資本」ということを忘れてはいけません。健康な体こそ、安定したパフォーマンスを発揮させてくれるのです。そう考えると、仕事の結果は、体によってつくられるとも言えます。

長生きしたいというのは、人間の潜在意識下にある欲求ですが、それとは別に、ハイパフォーマンスを実現するために、健康に気をつけているのです。

捨てる習慣 1

健康の常識を捨てる

健康になる話は嘘ばかり

健康の習慣を身につける上で大切なことは、今ある習慣を疑ってみることです。健康の習慣の箱を捨てるとき、何を捨てるのかは極めて重要です。今現在の健康状態に影響が出る可能性もあるので、まずは、どんな習慣があるのかを書き出してみるといいでしょう。

健康についての情報は、テレビや雑誌、書籍、ネットの中に、溢れています。一見眉唾もののものから、本当にいいものまで、玉石混交の情報になっているのが、健康です。

私がオススメする捨てる習慣は「健康の常識」を疑うことです。

1日3食は本当に体にいいのか？

疑うべき代表例が、「1日3食を食べなければいけない」という常識です。

現代人には、1日3食しっかり食べるという習慣が定着しています。1日3回しっかりとご飯を食べないと元気が出ない、という人は多いものです。

「1日3食」の習慣を広めたのはエジソンだと言われています。

エジソンは、パン焼きトースターを発明したのですが、当時のアメリカ人は1日2食が習慣化されていました。この習慣が続くと、商品が売れないと考えたエジソンは、ある新聞記者に「1日2食よりも1日3食のほうが体にいい」と話したのです。

話が巧みだったためか、それを信じた新聞記者は、1日3食をアピールした記事を書き、アメリカ人は1日3食になっていったのだそうです。

エジソンは、

「パンを焼く(トースターを使う)↓トースターが消耗し壊れる↓トースターを新し

く買う」

という循環をつくるために、1日3食を定着させる宣伝を行ったのです。

つまり、「1日3食」は仕掛けられた習慣なのです。

もともと人間は、1日3回食べる習慣など持っていませんでした。太古の昔は、狩りに行って、それに成功したら何か食べられるという生活だったのです。それでも人間は十分生きていけるということです。日本でも、江戸時代までは、多くの人が1日2食の生活でした。

最近の研究では、朝食は食べても食べなくても、どちらでもいいという結論が多いようです。だから、是が非でも1日3回食べないといけない、という考えは必ずしも正しくありません。

一流と呼ばれる人には、1日1食の人が多く、最近よく話題になっています。北野武さん。星野リゾート代表の星野佳路さん。ベストセラー作家であり医師の南雲吉則さんなど、多くの著名人が1日1食を実践していると言われています。

1日1食のメリットは、頭が冴える、集中力が高まる、体が疲れない、短時間睡眠が実現する、見た目が若くなる、痩せる、加齢臭が消える、などがあるようです。

食べる回数を減らすと、体は整う

たしかに、こういった著名な1日1食の人は、見た目も若く、元気で、頭の回転も速いように思います。

「今日は朝ごはんを食べていない」「昼食を摂り損ねた」ということは、そこまで心配することではないのです。

私も、もともとは3食食べていたのですが、今では1日2食にしました。

朝は絶対に固形物を口にしないようになりましたが、これを始めてから非常に体調がいいと感じています。

私はどうしても、1日3食は食べ過ぎのように感じています。これは、単純に腸を休ませる時間をとってあげたほうがいいと考えるからです。

腸を休ませることで、3つのメリットがあります。

1食減らして、食べ物の消化と吸収のために使っている機能を休憩させることで、

・免疫力が高まる（腸は体内に侵入してきた病原菌と闘うので、休息が必要）
・腸の働きがよくなる（排泄機能が高まり、デトックス効果で肌の調子もよくなる）
・腸の代謝が上がる（休息後、内臓は活発に動けるようになる）

と言われています。

3食食べてはいけないとは言いませんが、成功者の共通点を実践してみてはいかがでしょうか。痩せたり、頭が冴えたりと、メリットは多いのです。

捨てる習慣 2

健康にいいからと、すぐに飛びつかない

「ランニングよりもウォーキング?」と一度考えてみる

健康のためにランニングを始める、という人が最近増えているように感じます。仕事の帰りなど道を歩いていると、走っている人とすれ違うことも多くなりました。現在、ランニング人口は、なんと約1000万人もいるのだそうです。

しかし、私は運動を始めようと考えている人は、いきなりランニングを始めないほうがいいのではないかと考えています。

健康のために運動しよう、そう考えたとき、あなたは何をしますか?

体のため、健康のためと思って始めた運動が、結果的にマイナスになってしまう人も多いのです。

・骨膜炎
・膝の関節痛
・脛骨の疲労骨折

など、いきなりランニングしたことで負ってしまうケガは少なくなりません。いきなり激しい運動をしたことで、疲れて習慣にならない人、より怠惰な生活を送って太ってしまう人など様々です。

健康のための習慣で大事なのが、

「健康にいいからと、なんでもすぐに飛びついてみる」を捨てる

ことです。

ランニングが流行っているからと、「よし、じゃあ自分もやってみよう」と思わないことです。もちろんその気概はあってしかるべきですが、自分に合っている方法や運動を見極めてから、行いましょう。

たとえば、1日30分以上の運動時間が取れるのなら、「ランニングしよう」ではなく、「ウォーキングから始めようかな」「自分に合った運動から始めよう」と、流行りにのらないようにしましょう。

ランニングは、慣れていないとハードで、案外辛い運動です。

30分程度であれば、ウォーキングと消費カロリーはそこまで大きな差は出ません。

そして何より、いきなりハードルの高い運動を習慣にしようとしても、なかなか続かないのです。

あまりに負荷をかけすぎる運動をすれば、苦痛になってしまいますので、習慣化されない可能性が高いからです。

健康を考えて運動をするのなら、まずはウォーキングから始めてみましょう。

早く痩せたいから走る、効果を感じたいから走る、こういう気持ちになるのはわかりますが、運動は続かなければ意味がありません。

ウォーキングなら、気軽に始められますし、何よりランニングと比べると、体力的に楽です。ウォーキングには多くのメリットがあります。

- **体が疲れにくくなる**
- **肌がキレイになる**
- **冷え性やむくみが改善される**

・自律神経の働きを整える

長く走るのは辛いから、走っても10分程度でやめてしまっては、なんの効果も見込めません。体への物理的負荷を考えても、30分ランニングするより、30分ウォーキングするほうが体に優しいことは誰にでもわかるでしょう。

また、ウォーキングであれば、帰りの電車で自宅の手前の駅で降りて、ひと駅分歩くことだってできます。こうすることで、日常生活の中にウォーキングを組み込みやすくなります。

流行りの運動やエクササイズが、あなたに合っているかはわかりません。自分の向き不向きを考え、続けられる健康法を手に入れましょう。

入れる習慣 1

睡眠の質を上げるために「メラトニン」にこだわる

日本人の5人にひとりは、睡眠に問題を抱えている

平成25年、厚生労働省が発表した、「国民健康・栄養調査」の結果概要では、次のようなデータが示されました。

- 日中、眠気を感じた　40・4％
- 睡眠時間が足りなかった　25・5％
- 夜間、睡眠途中に目が覚めて困った　23・7％
- 睡眠全体の質に満足できなかった　22・7％
- 起きようとする時刻よりも早く目が覚め、それ以上に眠れなかった　17・5％

また、厚生労働省の調査によると、20歳以上の日本人の約5人に1人が「睡眠の質に満足できなかった」と答えているという情報もあります。

つまり、多くの人が良質な睡眠が取れていないということです。

睡眠は、疲れを取る一番の方法です。一流と呼ばれる人は、例外なく睡眠の質にはこだわっています。


1日の始まりと終わりを決めているのが、メラトニンというホルモンです。メラトニンが朝に減り、夜に向けて増えていくと、朝すっきり起きて、夜しっかり眠くなるという、いい睡眠リズムができるようになります。

メラトニンの量を調整する秘訣は、光を浴びること。朝起きたらしっかり光を浴びて、夕方から夜に光を浴びる量を減らしていくと、メラトニンが調整でき、いい睡眠のリズムが生まれます。

ですから、まずは朝起きたら、すぐに窓際に行って光を浴びるようにしましょう。光は網膜を通してしか脳に届きませんので、全身に光を浴びる必要はありません。

朝、光を浴びることによって、メラトニンの分泌がストップし、脳が朝のスタートを刻み始めます。

夜は、逆にメラトニンの分泌を増やさなければなりませんので、少し暗めの照明で過ごすことです。

特に、スムーズに入眠するためには、ベッドや布団には、スマホ、パソコンを持っていかないようにしてください。スマホやパソコンにはブルーライトという強力な光が出ています。これらを遠ざけることでいい睡眠が得られるようになります。

まくらは使わない

さらに、**寝るときには、なるべく体を締めつけない**ことも大切です。

これは、体液の流れや腸の動きを妨げないためです。

また、人の身体は眠っているときには体温が下がり、目覚めるにしたがって体温が上がっていきます。そのため、就寝時に涼しい格好で寝ると、体温調節がうまくでき、代謝機能がアップすると言われています。

また、まくらを使わないことを私はオススメします。テンピュールなどの、低反発のまくらを使うことで、疲れを取っているつもりになっている人は多いことでしょう。しかし、率直に言ってしまえば、まくらは使わないほうが得策です。

就寝時の寝相の適正位置というのは、毎日変化するからです。つまり、どんなまくらを使っても、必ずしもぴったりフィットしないということです。

そのため、まくらの代わりにバスタオルを使うのが最良の策になります。

一番いいのは、バスタオルをおりまげ、自分に合った、その日の一番いい高さに調整して寝ることです。仰向けになって、ゴロンゴロンと首を左右に振り、無理な負荷がかからない高さがベストになります。

入れる習慣 2

逆立ちのすすめ

王様のポーズ

健康法といえば、やはり辛いイメージを持たれると思います。食事にしても、運動にしても、少し気力が必要になります。

私は、健康に関してはかなり調べていますが、たったひとつ、手っ取り早く、体の調子を整える方法があります。

それは夜に、〝1分間の逆立ち〟をするだけ。

ヨガの、王様とも呼ばれるポーズです。

子供の頃は、よく逆立ちをして遊んだものですが、大人になればその機会もだんだんなくなっていきます。

人間は、常に、頭が上で足が下という生活をしています。したがって、内臓がどんどん重力で下がっていくことになります。そこで、逆立ちをすることで、下がった内臓を一度元の位置に戻してあげるのです。そうすると、体内環境が整うのです。

また、逆立ちをすることで、大腸や小腸を刺激することができるので、腸内環境が整いやすくなります。腸内運動が正常になり、質のいい活動をすると、腸内の不純物を外に出すことも可能になるのです。

さらに、逆立ちをすることで、全身に血が送られ、血行が良くなります。結果として、新陳代謝もよくなり、肌の調子もよくなっていきます。

逆立ちは、簡単にできる上、得られるメリットが多く、オススメの健康法です。ちょっとした時間を見つけて、すぐにできるので私は重宝しています。

ただし、高血圧傾向にある人には、オススメできません。逆に、健康を損なうことがありますので注意が必要です。

逆立ちは、1日1分、壁さえあれば誰にでもできる、お手軽な健康法です。ぜひ、この習慣を持ってください。

おわりに

最後までお読みいただき、ありがとうございます！

必ずしも本書で紹介したものだけが、習慣の正解ではありません。

大切なのは、今あなたをつくっている習慣を理解し、不要な習慣を捨て、逆にあなたが「すごい！」と思う人の習慣を自分に取り入れてみることです。

人が変わるとき、それは新たな習慣を手にしたときです。

だからこそ「何を習慣にするか」が重要になってきます。

私もまだまだ道半ばですが、自分や周りの方々の習慣を知り、不要になった習慣を捨て、新しい習慣を取り入れることで、自分の目指すべき道を歩んでこられた気がします。

自分をダメにする習慣をどんどん捨てて、可能な限り良い習慣を自分の中に取り入れていきましょう。

習慣を自分の中に取り入れたら、やり続けることです。

続けられなかったとしても、自分を責めず、あきらめずに、また次の日からでもリスタートし、何度でもそれを繰り返してみてください。

それがあなたの習慣になります。これがあなたを変える唯一の方法です。

はじめての執筆で拙い部分もあったかと思います。一冊の本を書くということは想像以上に大変なことで、たった一人で完成させることはできませんでした。

お力添えいただいた編集者の鹿野哲平さん、森下裕士さんにはとても感謝していいます。また、とてもここには書ききれないほど多くの素晴らしい起業家・事業家、プロフェッショナルの皆さん、また人生の先輩方のお世話になりました。

本当にありがとうございました。

本書が、あなたの人生をより豊かで愉しいものにするために少しでも役立つならば、これに勝る喜びはありません。

あなたの今後ますますのご活躍と健やかな毎日を心からお祈りいたします。

平成28年　10月吉日

石川　裕也

著者紹介

石川　裕也（いしかわ ゆうや）
1980年生まれ・愛媛県出身。コンセプター／株式会社ブラシナ・株式会社PICSの創業者・代表取締役。大学卒業後、マーケティングエージェンシーのTCDに入社。24歳の時に父親の余命が宣告され、急遽父親が経営していた建設資材商社を継承。３期連続で赤字だった同事業を、継承後１年で黒字化し、他社へ事業譲渡。同年、株式会社ブラシナを創業。日常生活の習慣を研究し、そのニーズを捉えた商品群を提案。禁煙や美容・健康など、人の「習慣化」の難しさを見てきた著者、その幅広い人脈の中で一流と言われる人間を見てきた著者ならではの視点で、本書では「習慣」を自分のものにできるようにまとめた。

「何《なに》を習慣《しゅうかん》にするか」で自分《じぶん》は絶対《ぜったい》、変《か》わる

2016年12月５日　第１刷

著　者　石《いし》川《かわ》裕《ゆう》也《や》
発行者　小澤源太郎

責任編集　株式会社 プライム涌光
電話　編集部　03(3203)2850

発行所　株式会社 青春出版社
東京都新宿区若松町12番１号 〒162-0056
振替番号　00190-7-98602
電話　営業部　03(3207)1916

印　刷　中央精版印刷　製　本　大口製本

万一、落丁、乱丁がありました節は、お取りかえします。
ISBN978-4-413-23019-3 C0030